Timo Grünbacher

Wenn die Welt zusammenbricht …

Timo Grünbacher

Wenn die Welt zusammenbricht …

Krisenintervention in der peritraumatischen Phase
aus ressourcenorientierter Perspektive

Bibliografische Information der Deutschen Nationalbibliothek:
Die Deutsche Nationalbibliothek verzeichnet diese Publikation in der Deutschen
Nationalbibliografie; detaillierte bibliografische Daten sind im Internet über
http://dnb.dnb.de abrufbar.

Umschlaggestaltung: Timo Grünbacher
Umschlagbild: Lisa Spreckelmeyer / pixelio.de

Herstellung und Verlag: BoD – Books on Demand, Norderstedt

ISBN: 978-3-7322-3245-1

Inhaltsverzeichnis

1 Einleitung

„Wer nicht der Fürchterlichkeit
des Lebens irgendwann,
mit einem endgültigen Entschlusse zustimmt,
ja ihr zujubelt,
der nimmt die unsäglichen Vollmächte
unseres Daseins nie in Besitz,
der geht am Rande hin,
der wird wenn einmal die Entscheidung fällt,
weder ein Lebendiger
noch ein Toter gewesen sein."

Rainer Maria Rilke[1]

Nicht allem, was Rainer Maria Rilke in diesem Ausschnitt eines Briefes an die Gräfin Sizzo schreibt, möchte ich zustimmen. Den „Fürchterlichkeiten des Lebens" zuzu*jubeln* klingt für mich nach überzogener Opferbereitschaft.

Faszinierend aber finde ich, wie es Rilke gelingt, in seinem Philosophieren Hoffnung und Zuversicht gegenüber dem Leben auszudrücken, ohne dabei die schweren und dunklen Seiten auszusparen. In seinen Augen entscheidet sich erst im Umgang des Einzelnen mit den Widrigkeiten des Lebens, ob dieses letztlich gelingt oder nicht. Für Rilke ist das Leben nicht nur trostloses Dasein, sondern es beinhaltet die Möglichkeit, „unsägliche Vollmächte" zu erlangen. Diese Bezeichnung mag heute fremd klingen. Ich verstehe darunter so etwas wie „gelingendes Leben" oder „Leben in Fülle" (vgl. Joh 10,10).

Wie Leben gerade angesichts schwerer Erfahrungen gelingen kann, ist eine Frage, die auch mich beschäftigt. Sie ist eine Motivation dafür, mich seit einigen Jahren ehrenamtlich in der Krisenintervention im Rettungsdienst zu engagieren. Dort wird in besonderer Weise deutlich, welchen Bedrohungen und welchem Leid menschliches Leben ausgesetzt ist. Dies macht nicht nur nachdenklich, sondern prägt auch die eigene Lebensgestaltung.

Krisenintervention heißt dabei nicht nur, schwerem Leid zu begegnen. In erster Linie bedeutet die Arbeit in der Kriseninterventi-

7

on vielmehr Begegnung mit Menschen, die sich zum Leid in ihrem Leben verhalten. Dieses Verhalten mag in der peritraumatischen Phase[2] oftmals geprägt sein von einem Erstarren und Nicht-wahr-haben-Wollen des Geschehenen. Dennoch kann in den meisten Fällen beobachtet werden, wie nach und nach eine Veränderung eintritt, wie sich das Erstarren langsam löst und das Nicht-wahr-haben-Wollen einem ersten Begreifen weicht. Bei aller Tragik haben solche Prozesse auch etwas Beeindruckendes, vor allem wenn spürbar wird, wie die sozialen Netze eines Betroffenen tragen und Halt geben, wie erste Versuche, den Tod eines Menschen zu begreifen, in eine würdevolle Abschiednahme münden und neben Tränen des Abschiedsschmerzes auch Erzählungen aus dem Leben des Verstorbenen auftauchen, die von Dankbarkeit gegenüber dem Erlebten geprägt sind. So ist Krisenintervention im Rettungsdienst zwar auch Begegnung mit dem Tod, aber noch mehr Begegnung mit dem Leben.

Im Rahmen dieses Buches will ich mich mit einem Thema beschäftigen, mit dessen theoretischer Aufarbeitung ich auch einen Nutzen für die praktische Arbeit ziehen kann. Umgekehrt will ich versuchen, meine praktische Tätigkeit in der Krisenintervention, die natürlich durch die vorangegangene Ausbildung bereits eine gute theoretische Grundlage hat, durch eine weitergehende wissenschaftliche Fundierung zu bereichern.

Bei der Entstehung des Buches nahm ich zunächst grundlegende Fragen bezüglich der Krisenintervention in der peritraumatischen Phase in den Blick: Inwieweit trägt Krisenintervention dazu bei, Krankheit und Not abzuwenden, ist also – im wahrsten Sinne des Wortes – *not-wendig*? Oder kommen psychisch traumatisierte Menschen letztlich auch ohne Unterstützung zurecht? Wenn dem so ist, worin findet die Krisenintervention in der peritraumatischen Phase dann ihren Sinn und ihre Berechtigung? Diese elementaren Fragen werden an verschiedenen Stellen aufgegriffen und beantwortet.

Aus diesen Überlegungen heraus entwickelte sich im Einklang mit meiner Grundüberzeugung – nämlich dass der Mensch durchaus in der Lage ist, schwere und schwerste Krisen zu bewältigen und sogar an ihnen zu wachsen – die Frage, wie Menschen nach einer psychischen Traumatisierung darin unterstützt werden können, das Erlebte so zu verarbeiten und zu integrieren, dass es nicht nur keinen Schaden anrichtet, sondern im Gegenteil zu einer Reifung der Person beiträgt.

Die Fähigkeit einer Person, Krisen zu bestehen, liegt dabei wesentlich in der Person selbst verankert. Das bedeutet nicht, dass der Mensch Krisen alleine bewältigt; die Fähigkeit, das soziale Netz positiv für die Bewältigung zu nutzen, liegt aber in der Person, ist eine sogenannte „interne Ressource", wie später noch aufgezeigt wird. Demnach stellt sich nicht nur die Frage nach den Bewältigungsressourcen des Menschen, also jenen Ressourcen, die dem Menschen zur Verfügung stehen, um selbst lebenswidrige Situationen zu überstehen, sondern auch, wie ein psychisch Traumatisierter darin unterstützt werden kann, seine Ressourcen zu erkennen und auch zu nutzen. Diese Frage wird besonders unter Berücksichtigung der Tatsache relevant, dass Menschen sich in der peritraumatischen Phase oftmals handlungsunfähig fühlen, ihnen also der Zugang und die Nutzung ihrer eigenen Ressourcen gerade in jener Situation erschwert wird, in der sie die Ressourcen in besonderer Weise brauchen.

Kompakt lautet die Forschungsfrage dieses Buches also folgendermaßen:

> Wie können Menschen in der peritraumatischen Phase, die oftmals von Handlungsunfähigkeit, Ohnmachtsgefühlen und Unbegreifbarkeit geprägt ist, darin unterstützt werden, ihre Ressourcen zu erkennen und sie zu nutzen, um die Betroffenen vor dauerhaftem Schaden an ihrer Person zu bewahren und um bei ihnen ein Wachstum an der Krise anzustoßen?

Mit der Beschränkung auf die peritraumatische Phase möchte ich einen Beitrag dazu leisten, die Forschungen, die in diesem Bereich noch relativ in ihrer Anfangsphase stehen, zu unterstützen. Ich möchte dabei auch meine Kenntnisse und Erfahrungen mit einbringen, die ich durch mein Engagement in der Krisenintervention selbst sammeln konnte.

Das Buch gliedert sich in fünf Teile. Nach diesem einleitenden Kapitel folgt Kapitel 2, das sich zunächst mit der Definition des Krisenbegriffes befasst (2.1). Im weiteren Verlauf werden dann die

Symptome beschrieben (2.2), die von traumatischen Krisen hervorgerufen werden können, gefolgt von der Beschreibung pathologischer Reaktionen auf eine Krise (2.3). Das Kapitel schließt mit der Darstellung einiger epidemiologischer Studien, mit denen die statistische Entwicklung in der Bevölkerung nach psychischen Traumatisierungen aufgezeigt werden soll (2.4).

Auf diesen Erkenntnissen über psychosoziale Krise und ihren Folgen aufbauend, beginnt dann die Auseinandersetzung mit der Frage, inwiefern Betroffene nach Erleiden einer psychischen Traumatisierung unterstützt werden können. Kapitel 3 beleuchtet hierbei die „peritraumatische Phase". Nach der Herausarbeitung der Bedeutung dieser Phase (3.1) wird dargestellt, inwieweit eine professionelle Krisenintervention, eingegliedert in das Rettungswesen, hilfreich ist (3.2).

In Kapitel 4 werden zunächst einige Ressourcenmodelle vorgestellt (4.1), dann folgt eine nähere Beschreibung des salutogenetischen Modells von Antonovsky (4.2). Aus diesem und den Ressourcenmodellen werden anschießend jene Aspekte herausgearbeitet, die eine Relevanz für die Krisenintervention haben (4.3).

Kapitel 5 greift dann auf diese Ergebnisse zurück, indem bei der Beschreibung verschiedener Elemente peritraumatischer Krisenintervention eine Synthese mit den Erkenntnissen aus der Ressourcenforschung versucht wird (5.1). Am Ende von Kapitel 5 werden die Ergebnisse zusammengefasst (5.2).

Vorweg seien noch einige formelle Dinge angemerkt: Personenbezogene Ausdrücke umfassen – außer wenn ausdrücklich vermerkt – stets beide Geschlechter. Das generische Maskulin wurde einzig aufgrund der besseren Lesbarkeit gewählt. Aus dem gleichen Grund wurden Zitate, die im Original nach der alten Rechtschreibung verfasst sind, den neuen Regeln angepasst. Offensichtliche orthographische Fehler in den Quellen wurden beim Zitieren korrigiert.

Wenn nicht anders gekennzeichnet, stammen die Beispiele, die in dieser Arbeit zur Verdeutlichung der theoretischen Inhalte eingefügt sind, aus dem Erfahrungsbereich meiner Arbeit in der Krisenintervention. Die Beispiele sind soweit verändert, dass die Anonymität der Betroffenen gewahrt bleibt.

Schließlich stellt sich die Frage, mit welcher Formulierung in dieser Arbeit die Personen bezeichnet werden sollten, die ein traumatisches Ereignis erlebt haben. Der Begriff „Klient" ist umstritten, da er den Eindruck vermittelt, es handle sich bei der Krisenintervention um einen Dienstleister-Klienten-Kontakt. Ebenso kritisch ist die Bezeichnung „Notfallopfer". Adäquat erscheint mir persönlich der Ausdruck „Betroffener". Wenn ich die genannten Begriffe dennoch synonym verwende, so geschieht dies aus stilistischen Gründen und im Bewusstsein ihrer Unzulänglichkeit. Ähnlich ging es mir mit den Personenbezeichnungen für Mitarbeiter der Krisenintervention, und auch hier versuchte ich die Begriffe zu variieren.

[1] Rilke (1991), S. 296.
[2] Die „peritraumatische Phase" ist jene Phase, die „um ein traumatisches Ereignis herum" liegt; sie beginnt beispielsweise mit dem Erleben eines schweren Unfalls und dauert in der Regel einige Stunden, maximal wenige Tage; vgl. auch Kapitel 3.1.1.

2 Krise und psychisches Trauma

2.1 Begriffsbestimmung und Definition

2.1.1 Wenn die Welt zusammen bricht …

Fallbeispiel 1:
Als das Rufen der alten Frau endlich gehört wird, geht alles zwar ziemlich schnell, Hilfe kommt aber trotzdem zu spät: Vor dem Bett der 81-Jährigen bettlägerigen Frau ist ihre Tochter (56) plötzlich tot zusammengebrochen. Ein Telefon ist nicht in greifbarer Nähe. So dauert es etwa eine Viertelstunde, bis Nachbarn auf die dramatische Situation aufmerksam werden. Die alarmierte Feuerwehr öffnet die Wohnung, um dem Rettungsdienst Zugang zur Patientin zu verschaffen. Reanimationsversuche bleiben aber erfolglos. Für die Mutter ist dies der zweite Verlust eines eigenen Kindes; mit der Tochter ist nun auch die letzte noch lebende Angehörige verstorben. Viele Fragen sind jetzt da: Warum muss ich so lange leben, während mir Mann und Kinder viel zu früh weg genommen wurden? Wie soll ich es schaffen, für meine Tochter eine Beerdigung zu organisieren? Wie werde ich alleine zurecht kommen und wie geht es weiter mit mir?

Fallbeispiel 2:
Verwirrt ist Karin (18), und je drängender die Polizisten auf sie einreden, um so weniger will sie sprechen. Was wirklich passiert ist, weiß sie selbst nicht genau, nur, dass sie für eine gewisse Zeit – wie lange kann sie nicht sagen – nicht bei Bewusstsein war. Dass in dieser Zeit etwas Schlimmes mit ihr geschehen sein muss, etwas, gegen das sie sich nicht wehren konnte, verraten ihr die Schmerzen und einige Schlagworte, die neben den vielen Fragen von den Polizisten auf sie einprasseln: Vergewaltigung – Anzeige – Spurensicherung.
Immer wieder nimmt sie ihr Freund in seine Arme und flüstert ihr verzweifelt zu, dass er einfach die Polizei holen musste, da er spürte, dass irgendetwas nicht in Ordnung war. Karin aber stößt ihn weg, wütend, weil er die Schuld daran trägt, dass sie nun nicht einmal in den eigenen vier Wänden ihre Ruhe hat, und weil sie momentan die Nähe eines Menschen nicht ertragen kann.
Und sie spürt etwas Bedrohliches. Genauso wie Stunden zuvor nicht mehr sie die Gewalt über sich hatte, sondern ein anderer, so ist auch jetzt nicht sie diejenige, die darüber bestimmt, was sie tun will und was nicht …

Fallbeispiel 3:
Annika (9) entscheidet, sich einfach auf die Couch zu legen. Wenn schon weder ihre Mutter noch die Großeltern Zeit für sie haben, sie in den Arm zu nehmen und ihr zu erklären, was denn los ist, dann will sie zumindest im Wohnzimmer bleiben, wo jetzt alle sind: die Mutter,

die Großeltern, zwei Polizisten und ein Mann in roter Uniform. Vielleicht kann sie ja die eine oder andere Information aufschnappen, um zu verstehen, was heute Abend passiert ist, was es heißt, dass ihr älterer Bruder „sich das Leben genommen" hat. Sie versteht diese Worte nicht wirklich, nur dass es wohl etwas Schlimmes sein muss. Auf der Couch ist es gemütlich, aber Annika spürt einen Schmerz tief im Bauch. Sie ist irritiert, denn sie hat ihre Mutter noch nie so weinen sehen. Immer wieder schreit die Mutter, dass das nicht sein könne. Die Großeltern sitzen wie versteinert am Tisch, schütteln vor sich hinstarrend den Kopf, sagen aber nichts. Annika will jetzt einfach aufwachen aus diesem bösen Traum. Aber der Schmerz in ihrem Bauch sagt ihr, dass sie wohl gar nicht schläft, sondern hellwach ist. Wieso erklärt ihr niemand, was los ist? Wieso redet keiner mit ihr?

Gemeinsam haben diese ganz unterschiedlichen Ausschnitte aus Biographien von Personen, die vom Tod eines nahestehenden Menschen oder von Gewalterfahrungen betroffen sind, dass sie vermutlich einen unauslöschlichen Eindruck hinterlassen werden. Dieser unauslöschliche Eindruck markiert gleichzeitig jenen Punkt, den man als „Krise" bezeichnen kann. Umgangssprachlich oftmals als „katastrophales Ereignis" verstanden, ist das Wort etymologisch betrachtet eher mit „entscheidender Punkt" zu übersetzen (von altgriechisch: κρίσις[1]): Die Krise also als jener Moment in der Biographie eines Menschen, der Hilflosigkeit und Schrecken hervorrufen sowie die Grenzen der eigenen Bewältigungsmechanismen verdeutlichen kann[2] und dem das Potential inne liegt, zum Stillstand (des Lebens, der Entwicklung, etc.) oder aber hin zu neuen Lebensperspektiven zu führen[3].

Das sehr breite Spektrum, das sich zwischen den Polen „Stillstand" und „Entwicklung neuer Lebensperspektiven" auftut, ist groß, aber keineswegs zu weit gegriffen. Formen des Stillstandes sind etwa Selbst- und Fremdgefährdung als Kurzschlusshandlung, die in der Akutphase einer Traumatisierung durchaus möglich sind[4]. Neue Lebensperspektiven hingegen werden sich in der Krisensituation selbst kaum ergeben. Wohl aber kann dafür der Grundstein gelegt werden, wenn es gelingt, bereits von Anfang an unterstützende Ressourcen zu erschließen.

2.1.2 Der Begriff der Krise und die psychosoziale Krise

Der Begriff der „Krise", der in die Alltagssprache ohnehin schon seinen Zugang gefunden hat[5], erfährt besonders in bewegten Zeiten gehäufte Verwendung. Mit ihm lassen sich milliardenschwere Investitionen in die Wirtschaft eines Landes plausibel machen, genauso wie er es scheinbar vermag, den Zustand etablierter Institutionen einer Gesellschaft, wie etwa Kirche, Familie oder Bildungssystem, treffend zu beschreiben. Diese universelle Verwendung des Begriffes bringt allerdings auch mit sich, dass er „zugleich deutlich an Aussagekraft eingebüßt hat."[6]

Auf dem Gebiet der Psychiatrie, der Psychologie und der Sozialwissenschaften kann man dennoch einige Merkmale herausfiltern, die in Definitionsversuchen immer wieder aufgegriffen werden. Diese Merkmale sind zum Beispiel die zeitliche Begrenzung des Krisengeschehens, der bedrohliche Charakter, die emotionale Labilisierung sowie der ungewisse Ausgang des Geschehens[7]. Zudem gilt der ambivalente Charakter von Krisen als unbestritten: Eine Krise kann sowohl zur Entwicklung als auch zur Fehlentwicklung beitragen. „Mit Entwicklung kann Krise dann zusammenhängen, wenn sich daraus, d. h. aus zunächst als belastend erlebten Anforderungen, langfristig positive Persönlichkeitsveränderungen ergeben. Mit Fehlentwicklung bzw. psychischer Störung kann Krise insofern zusammenhängen, als Krisen Auslöser für negative Persönlichkeitsveränderungen sein können."[8]

Der Begriff der Krise lässt sich damit weniger in eine Definition fassen, sondern ist eher als „Sammelbegriff"[9] zu verstehen, der verschiedene Aspekte eines Krisengeschehens aufgreift. Je nach Perspektive können dann verschiedene Aspekte aufgezählt werden, sodass zwischen psychiatrischen, traumatischen, psychosozialen, suizidalen und vielen weiteren Krisen unterschieden werden muss[10].

Die Unterscheidung von verschiedenen Krisentypen birgt die Gefahr, die subjektive Bedeutung einer Krise für den Betroffenen, die Einfluss auf die Art und Weise der Intervention haben kann, zugunsten einer für einen bestimmten Krisentypus vorgesehene, sozusagen standardisierte Interventionsform außer Acht zu lassen.

Hier gilt jedoch, wie bei allen Theoriemodellen darauf zu achten, dass eine Krisentheorie für die Behandlung eines Betroffenen, und nicht etwa der Betroffene für die Theorie da ist, oder anders ausgedrückt: Eine Theorie kann zwar dazu beitragen, dass eine kritische Situation besser verstanden und eingeordnet werden kann, sie darf aber nicht die subjektive Bedeutung des Betroffenen zurückstellen.

Mit dem Begriff „psychosoziale Krise" bezeichnen die beiden Pioniere der Krisentheorie Caplan und Cullberg „den Verlust des seelischen Gleichgewichts, den ein Mensch verspürt, wenn er mit Ereignissen und Lebensumständen konfrontiert wird, die er im Augenblick nicht bewältigen kann, weil sie von der Art und vom Ausmaß her seine durch frühere Erfahrungen erworbenen Fähigkeiten und erprobten Hilfsmittel zur Erreichung wichtiger Lebensziele oder zur Bewältigung seiner Lebenssituation überfordern."[11]

Diese Beschreibung weist darauf hin, dass derartige Krisen durch Ereignisse oder Lebensumstände provoziert werden. Dies führt zu einer Unterscheidung, auf die schon Erik H. Erikson hingewiesen hatte, nämlich die Unterscheidung zwischen akzidentellen, also nicht erwartbaren, plötzlich über einen hereinbrechenden Krisen, sowie entwicklungsbezogenen Krisen, die im Verlauf einer Biografie „normal" sind.[12] Diese Unterscheidung hat sich für das Verständnis von Krisenverläufen[13] als sehr hilfreich erwiesen und ist bis heute in der wissenschaftlichen Literatur zu Krisentheorien anzutreffen, wenn auch die Begrifflichkeiten verändert worden sind. So ist die akzidentelle Krise heute eher unter dem Begriff der „traumatischen Krise" beschrieben.

2.1.3 Traumatische Krise

Mit dieser Form der psychosozialen Krise, nämlich mit der traumatischen Krise, beschäftigt sich dieses Buch. Cullberg definiert sie folgendermaßen: „Die traumatische Krise ist eine plötzlich aufkommende Situation von allgemein akzeptierter schmerzlicher Natur, die auf einmal die psychische Existenz, die soziale Identität und Sicherheit und/ oder die fundamentalen Befriedigungsmöglichkeiten bedroht."[14] Wie diese Definition verdeutlicht, werden traumatische Krisen anders als Entwicklungskrisen durch ein plötzliches und unerwartetes Ereignis ausgelöst (also etwa der Tod eines nahestehenden Menschen, Unglücke und Katastrophen, einmalige Gewalterfahrungen wie Überfall, etc.). In Studien kann belegt werden, wie hoch die Wahrscheinlichkeit ist, dass nach einem erlittenen Trauma bestimmter Art eine posttraumatische Belastungsstörung auftritt[15]. Trotzdem darf nicht außer Acht gelassen werden, dass vor allem das subjektive Erleben große Bedeutung hat. „Die Forderung, eine theoretisch und empirisch begründete Kriseneinteilung zu entwickeln, aus der sich an angemessener Bewältigung orientierte Indikationen für das Vorgehen bei bestimmten Krisentypen ableiten ließen, ist gegenwärtig (und wahrscheinlich prinzipiell) unerfüllbar."[16] Dies liegt daran, dass die objektiven Merkmale einer Krisensituation niemals hinreichend sind, „da die tatsächlich erlebte Belastung und die realen Bewältigungsformen nicht vorausgesagt werden können."[17]

Wichtige Aspekte, um Traumata zu klassifizieren, hat die Psychiaterin Lenore Terr untersucht. Sie unterscheidet je nach Dauer des Ereignisses zwischen Typ-I-Traumata und Typ-II-Traumata[18]. Traumata des ersten Typs erfolgen durch einmalige, in der Regel plötzlich aufgetretene traumatische Erfahrungen, meist von kurzer Dauer mit klarem Beginn und klarem Ende. Traumata des zweiten Typs dagegen entstehen durch mehrmalige und wiederholt erfahrene oder langandauernde Traumatisierungen, so zum Beispiel bei Kriegstraumatisierungen, bei andauernden sexuellen Missbräuchen, aber auch bei Einsatzkräften, die täglich mit schlimmen Geschehnissen konfrontiert werden. Dadurch, dass es keinen klar definierten Beginn und ebenso wenig ein klar definiertes Ende der Traumatisierung gibt, ab dem sich der Betroffene wieder in Sicherheit fühlen kann, muss ein Prozess der Verarbeitung erfolgen, der das Erleben des wiederkehrenden Traumas als „normal" einstuft. „Dabei treten Anpassungsprozesse auf, d. h. Versuche, die traumatische Situation gedanklich, emotional oder auf der Verhaltensebene irgendwie erträglich zu machen."[19] Die Folgen einer Typ-II-Traumatisierung sind komplexer und tiefergehender als einmalige Traumatisierungen.

Ebenso relevant wie die Dauer ist auch die „Quelle" der Traumatisierung. Geht diese auf einen Menschen zurück (sogenannte „man made disasters"), zum Beispiel bei sexuellen und körperlichen Misshandlungen, Kriegserlebnissen, Folter, usw., hat es sich gezeigt, dass diese Traumata zu stärker beeinträchtigenden Folgen führen können als bei sich „zufällig" ereignenden Belastungen[20]; zwischenmenschliche Gewalt zieht höhere Krankheitsraten nach sich als einzelne, eher zufällig eingetroffene, schicksalhafte und nicht willentlich zugefügte Belastungen[21].

Unter Berücksichtigung der beiden Faktoren Dauer und Quelle der Traumatisierung ist folgende Einteilung traumatischer Ereignisse entstanden, wie in Abbildung 1 dargestellt. Kritische Lebensereignisse wie beispielsweise eine schwere Erkrankung passen weniger in dieses Modell. Ob dies so gerechtfertigt ist, wird in der klinischen Psychologie kontrovers diskutiert[22].

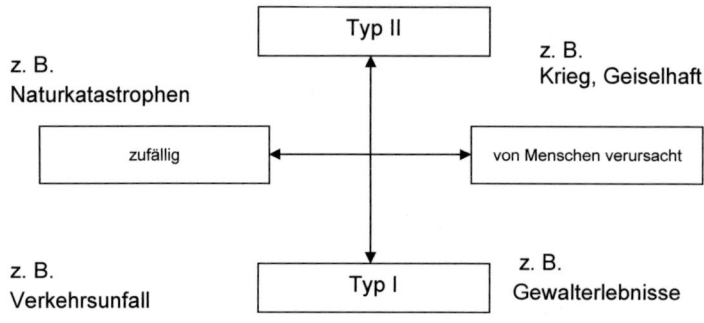

Abbildung 1: Einteilung traumatischer Ereignisse (entnommen aus: Krüsmann & Müller-Cyran (2005), S. 24)

2.1.4 Psychisches Trauma

Nachdem bisher einige Merkmale zur Klassifizierung von traumatischen Krisen dargestellt wurden, soll nun eine Definition psychischer Traumata folgen. In ihrem „Lehrbuch der Psychotraumatologie" definieren Fischer und Riedesser psychisches Trauma als ein „vitales Diskrepanzerlebnis zwischen bedrohlichen Situationsfaktoren und den individuellen Bewältigungsmöglichkeiten, das

mit Gefühlen von Hilflosigkeit und schutzloser Preisgabe einhergeht und so eine dauerhafte Erschütterung von Selbst- und Weltverständnis bewirkt."[23]
Mit dieser Definition wird deutlich, dass es sich bei einem psychischen Trauma um eine Wechselwirkung handelt zwischen einem belastenden Ereignis und den Bewältigungsmöglichkeiten der betroffenen Person, die angesichts des widerfahrenen Ereignisses inadäquat sind. Damit wird das Ereignis in Relation gesetzt zur persönlichen Erfahrung[24]. Die Bewältigungsmöglichkeiten, die bisher ausgereicht haben, um den „normalen" Stress zu bewältigen, stoßen an ihre Grenzen; der Versuch, bisherige Coping-Strategien anzuwenden, zeigt auf, dass diese nur minimal wirksam oder sogar absolut wirkungslos sind. Diese erlebte Hilflosigkeit kann entweder zu einer „Lähmung und Erstarrung" oder aber zu einem „panikartigen Bewegungssturm"[25] führen. Die traumatische Situation ist also ein Paradoxon: Durch die äußeren Einflüsse wird ein angemessenes Handeln (überlebens-)notwendig, aber gleichzeitig lässt die Situation eben jene angemessene Reaktion nicht zu[26]. Es ist dabei nicht die Angst oder der Stress, die traumatische Wirkungen hervorrufen, sondern vielmehr das Gefühl der Hilf- und Schutzlosigkeit vor bedrohlichen Umwelteinflüssen[27].
Weiter beschreibt die Definition, dass bei Opfern von Traumatisierungen das Selbst- und Weltverständnis dauerhaft erschüttert wird. Das bedeutet, dass Betroffene etwa „das Vertrauen in die Verlässlichkeit der physischen und in die Gerechtigkeit der sozialen Welt"[28] verlieren können. Ein gesundes Selbstverständnis setzt beispielsweise darauf, dass es mit bedrohlichen Situationen zurechtkommt, was sich aber in traumatischen Situationen als unzutreffend erweist. Ein gesundes Weltverständnis vertraut darauf, heil durch den Alltag zu kommen; ein traumatisches Ereignis, ein Unfall etwa oder ein Gewaltakt, kann dieses Denken als unzutreffend darstellen. Somit werden Selbst- und Weltverständnis erschüttert. Um wieder in einen unbelasteten Alltag zurück zu finden, muss es gelingen, das zerrüttete Selbst- und Weltverständnis wieder aufzubauen, und zwar auf „der Basis einer neuen, das bisherige Selbst transzendierenden Integration des Traumas."[29] Das heißt, die traumatischen Erfahrungen werden nach und nach

in das eigene Selbst- und Weltverständnis integriert, sodass sich das Repertoire an Handlungsmöglichkeiten im günstigsten Fall erweitert. So kann beobachtet werden, dass „Menschen mit traumatischen Vorerfahrungen, die also quasi schon geübt darin sind, mit Selbst- und Welt-erschütternden Ereignissen umzugehen, neue Traumata flexibler verarbeiten als andere."[30]

2.1.5 Von der belastenden Erfahrung zum psychischen Trauma

„Traumatische" Ereignisse sind also nicht per se traumatisch, sie besitzen lediglich traumatisierendes Potential[31]. Ein Trauma lässt sich nicht allein aufgrund eines isolierten Ereignisses und auch nicht an einem isolierten Subjekt diagnostizieren, sondern nur im Gesamtsystem „Ereignis-im-Bezug-auf-das-Subjekt"[32].

Für den Prozess der Traumatisierung haben wir also bislang zwei Faktoren, die, miteinander in Wechselwirkung stehend, eine Rolle spielen: Das traumatische Ereignis selbst und das Subjekt, oder anders ausgedrückt: die (betroffene) Person.

Die Person ist dabei noch einmal aus zwei Perspektiven zu betrachten. Erstens: die Person in ihrer Disposition, und zweitens: die Person als „erlebendes Subjekt".

Wie ein Betroffener ein traumatisches Ereignis erlebt, hängt von seiner Disposition ab, die aus momentanen Empfindungen (aktuelle körperliche Fitness, psychisches Empfinden, usw.) und überdauernden Eigenschaften (Geschlecht, Persönlichkeit, Einstellung, etc.) zusammengesetzt ist. In verschiedenen Studien konnte ein Zusammenhang zwischen der Gefahr einer Traumatisierung und den dispositionalen Eigenschaften einer Person nachgewiesen werden; sie stellen sogenannte „Vulnerabilitätsfaktoren" dar, sind aber weder notwendig noch hinreichend, um einen etwaigen Krankheitseintritt zu erklären[33]. Die prätraumatische Vulnerabilität umfasst dabei genetische, biologische, lebenslauf- und kindheitsbezogene Faktoren und einige weitere mehr[34]. Dabei ist zu beachten, dass es andererseits auch Charakteristika gibt, die die betroffene Person schützen und den Gesundungsprozess begünstigen[35].

Die zweite Perspektive betrachtet den Betroffenen als „erlebendes Subjekt". Mit dem Begriff des „Erlebens" wird damit ein Pendant zum Begriff des (traumatischen) „Ereignisses" eingeführt. Gilt „Ereignis" gemeinhin als Veränderung, die stattfindet[36], ein zunächst einmal objektives und unpersönliches[37] Geschehen, so enthält der Begriff des „Erlebens" eine subjektive und rezeptive Dimension, in der der Erlebende ein Ereignis aufnimmt, und zwar aus der Perspektive seiner Eigen- bzw. Selbstwahrnehmung[38].

Nach der Definition von Fischer/ Riedesser (vgl. Kapitel 2.1.4) ist nun noch die Dimension „Umwelt" zu berücksichtigen. „Die Problematik, die das Trauma aufwirft, kann ein Mensch nicht allein bewältigen. Traumatische Situationen und die Verarbeitungs- und Selbstheilungsversuche der Betroffenen haben wesentlich eine soziale Dimension."[39] Das traumatische Ereignis wirkt nicht nur auf die Betroffenen, sondern auch auf deren Umwelt ein, und diese wiederum steht in einer Wechselbeziehung zum Betroffenen. Die Umwelt (sei es eine ganze Gesellschaft oder aber auch ein

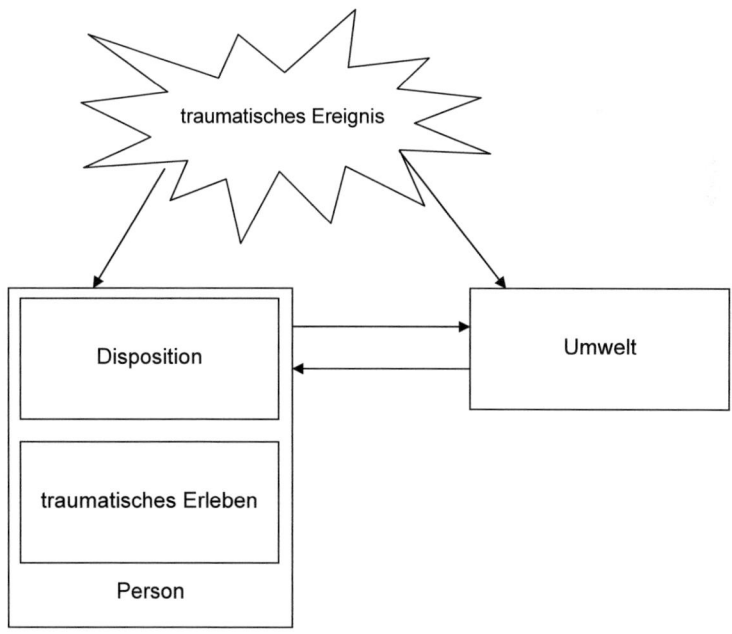

Abbildung 2: Elemente traumatischen Erlebens

kleineres System, etwa eine Familie) muss zum traumatischen Ereignis Stellung nehmen. Eine Gesellschaft tut dies, indem sie beispielsweise Suizid allgemein entweder verachtet oder aber toleriert. Ein kleineres System, wie etwa eine Familie, nimmt zu einem Suizid im eigenen Umfeld Stellung, zum Beispiel indem sie den Suizid zu verschweigen sucht und ihn damit insgeheim als intolerabel markiert. Damit nimmt also sowohl die Umwelt Einfluss auf die betroffene Person, sowie umgekehrt die betroffene Person auf die Umwelt einwirkt.

Die drei beschriebenen Elemente des traumatischen Erlebens, also Ereignis, Person und Umwelt sind in Abbildung 2 dargestellt.

Wichtig für den weiteren Verlauf des Prozesses einer psychischen Traumatisierung ist auch das Verhalten sowie die unmittelbaren Bewältigungsversuche innerhalb der Notfallsituation, in diesem Buch mit „Notfallreaktion" bezeichnet. An dieser Stelle seien zwei Verhaltensweisen und Bewältigungsversuche im Rahmen der Notfallreaktion beschrieben, nämlich die „peritraumatische Dissoziation" und das Konzept des „mental defeat"[40].

Dissoziation ist ein Phänomen, bei dem bei einer Person Wahrnehmungen, Gefühle, Erinnerungen, Teile der Identität usw. abgespalten werden. „Traumaopfer berichten, häufig von Veränderungen in ihrem Erleben von Zeit, Ort und Personen, was dem Geschehen ein Gefühl der Irrealität verleiht."[41] Unter peritraumatischer Dissoziation versteht man das unwirkliche Erleben während eines traumatischen Ereignisses. Kapitel 2.2.1 beschreibt dieses Phänomen ausführlicher.

In Studien konnte nachgewiesen werden, dass das Auftreten von Dissoziationen in der traumatischen Erfahrung ein „signifikanter Indikator für die nachfolgende Entwicklung einer PTBS[42] ist."[43] Dieses Ergebnis ist insofern überraschend, da dissoziativen Reaktionen durchaus ein schützendes Potential zugerechnet wird. Dissoziationen können dem Betroffenen das Erleben eines psychischen Traumas erträglicher machen, indem Schmerzen, Informationen, die dem Einschätzen der aktuellen Situation dienen, Gefühle teilweise oder ganz ausgeblendet werden, was ein „Gefühl der Distanz und der Sicherheit"[44] verleiht. Dieser Effekt einer Dissoziation bleibt ein positiver für die Zeit der Traumatisierung, er bleibt aber genauso ein wichtiger Risikofaktor für die Ausbildung einer PTBS.

Ebenfalls prognostisch ungünstig wirkt sich jene Art des kognitiven Verarbeitens während der Traumatisierung aus, das in der Psychotraumatologie als „mental defeat" bezeichnet wird[45]. „Mental defeat" bedeutet „sich aufgeben" und ist einer inneren Kapitulation gleichzusetzen, mit der Folge, dass sich der Betroffene dem Geschehen unterwirft. Diese Selbstaufgabe ist dabei mehr als nur ein Aufgeben, denn sie beinhaltet „die Empfindung des Opfers, seine ganze Autonomie verloren zu haben."[46]

Zu unterscheiden ist das Konzept der Selbstaufgabe vom Gefühl der Unkontrollierbarkeit. Selbst in unkontrollierbaren Situationen können Betroffene immer noch eine deutliche Wahrnehmung ihrer eigenen Identität aufrecht erhalten und somit das Ereignis als isolierten Einzelfall betrachten anstatt eines Ereignisses, das das eigene Selbst zerstört[47].

Die prognostisch günstigere Verhaltensweise ist das Konzept des „mental planning", demzufolge beispielsweise ein Opfer sexueller Gewalt oder ein politischer Gefangener einer inneren Strategie folgt, um die Situation für sich erträglicher zu machen[48]. Selbst ein äußerliches „Sich-Aufgeben" kann noch ein Ausdruck des „mental planning" sein, insofern damit etwa der Gedanke verfolgt wird, durch eine möglichst geringe Gegenwehr „mit weniger Schaden aus der Situation herauszugehen"[49]. Selbst wenn objektiv betrachtet die Situation dadurch keineswegs verbessert wurde, ist es das subjektive Empfinden, das relevant ist, da eben die betroffene Person sich mit Hilfe des mental planning noch einen Rest von Autonomie verschafft[50].

Eine weitere Erkenntnis der Psychotraumatologie ist der prozessuale Charakter des Verlaufs einer psychischen Traumatisierung. So betonen Krüsmann und Müller-Cyran, dass eine stressvolle Erfahrung „erst durch den individuellen Adaptionsprozess zu einem traumatischen Ereignis wird."[51] McFarlane und Yehuda beschreiben den Verlauf einer posttraumatischen Belastungsstörung vom traumatischen Ereignis bis hin zur klinisch nachweisbaren psychischen Störung als einen Prozess, „der aus einer Serie von Einzelschritten besteht."[52]

Eine posttraumatische Belastungsstörung ist also keineswegs als die direkte Folge eines traumatischen Ereignisses anzusehen. Vielmehr führt das Ereignis dazu, dass Stress, genauer gesagt Dis-Stress entsteht, was eine normale Reaktion auf das erlebte Grauen und die Hilflosigkeit ist. Als typisches Verlaufsmuster gilt, dass sich dieser Dis-Stress selbst nach extremen traumatischen Erfahrungen wieder auflöst (dies wird bei der Beschreibung der Epidemiologie in Kapitel 2.4 noch aufzuzeigen sein). Eine Entwicklung in die PTBS gilt nicht als typischer Verlauf, denn nur bei einer Minderheit von Opfern eines belastenden Ereignisses bildet sich eine derartige Störung aus, wobei bei zwei Dritteln auch diese Symptome nach einiger Zeit wieder zurück gehen. „Daher scheint eine chronische PTBS, die noch viele Jahre nach dem auslösenden Ereignis besteht, andere Determinanten zu haben, als sie dem Phänomen zugrunde liegen, an dem Menschen in den ersten sechs Monaten nach dem Trauma leiden."[53] Entwickelt sich also eine chronifizierte Form der PTBS, so wird in der Forschung davon ausgegangen, dass dem Betroffenen eine geeignete Anpassung der akuten traumatischen Reaktion nicht gelungen ist.

Mit der Berücksichtigung des prozesshaften Verlaufes, der zu einer gesunden Neuausrichtung oder aber zu einer psychischen Störung führen kann, wird deutlich, dass nicht nur die Disposition und das Erleben der Person in der traumatisierenden Phase relevant sind, sondern dass auch das kurz- sowie mittel- und längerfristige Verhalten und Reagieren auf das Ereignis bzw. auf die durch das Ereignis ausgelösten Symptome Einfluss auf die Bewältigung hat.

Zwei wesentliche Aspekte der Bewältigung sind die subjektive Bedeutungsgebung sowie der Umgang mit Erinnerungen an das Trauma[54]. Diese beiden Aspekte sowie die oben beschriebenen möglichen Notfallreaktionen sind jene drei Aspekte, die von Ehlers als relevant für die Aufrechterhaltung einer PTBS eingestuft werden. Diese sind:

1. Die Kognitive Verarbeitung während des traumatischen Erlebens;
2. die subjektive Bedeutung des Traumas;
3. eingesetzte Verhaltensweisen und Stile im Anschluss an das Trauma.[55]

Punkt 1 wurde bereits oben unter den Stichworten des „mental defeat" und der „peritraumatischen Dissoziation" behandelt. Mit dem zweiten Aspekt wird beschrieben, dass Personen ein ihnen widerfahrendes Trauma entweder als „singuläres und abgeschlossenes negatives Ereignis"[56] sehen können, oder aber sie können ein solches Ereignis als „Beweis" dafür heranziehen, dass ihnen im Leben grundsätzlich Schlechtes widerfährt. Gerade letztgenannter Personenkreis weist ein erhöhtes Gefährdungspotential für eine PTBS auf, denn derartige kognitive Muster scheinen laut Ehlers die Grundlage dafür zu sein, dass Traumata nicht bewältigt werden[57].

Ähnliche Ergebnisse zeigen sich bei der Untersuchung der Symptome, die von einem traumatischen Ereignis ausgelöst werden. Symptome wie emotionale Taubheit oder Wutausbrüche können entweder als „Zeichen eines normalen Anpassungs- und Erholungsprozesses"[58] gesehen werden oder aber sie führen zu einer negativen Interpretation wie „Ich bin unfähig" oder „Ich werde verrückt".

Die hier geschilderten Interpretationen des traumatischen Ereignisses sowie der durch das Trauma hervorgerufenen Symptome können zu einem grundlegenden Gefühl von anhaltender Bedrohung führen. Auf diese Weise wirkt das Trauma selbst dann noch weiter, wenn es objektiv betrachtet längst beendet ist[59].

Diese dysfunktionalen Interpretationen führen meist zu einem verstärkten Auftreten von vermeidenden Verhaltensweisen[60], womit wir beim dritten Punkt des von Ehlers entwickelten Modells angelangt sind. Denn es scheint, wie Untersuchungen von Personen, die intrusive Gedanken aufwiesen, gezeigt haben, dass zum einen ein direkter Zusammenhang zwischen posttraumatischer Symptomatik und einem vermeidenden Verhalten besteht, „indem der absichtliche Versuch, bestimmte Gedanken und Bilder zu vermeiden, deren Auftretungshäufigkeit erhöhen"[61]. Zum anderen können dysfunktionale Interpretationen nicht verändert werden, wenn der Betroffene „mit Strategien der Vermeidung wie Ablenkung, Grübeln"[62] diese Interpretationen sogar noch verstärkt.

Dysfunktionale kognitive Überzeugungen bezüglich eines Traumas sowie bezüglich auftretender Symptome können zur Aufrechterhaltung und Chronifizierung einer PTBS beitragen. „Dabei bleibt noch offen, wie solche dysfunktionalen Überzeugungen entstehen und ob sie sich eher infolge eines negativen Lebensereignisses entwickeln oder im Sinne einer Persönlichkeitsvariable schon vorher vorhanden waren und zur Entwicklung einer PTBS prädestinieren."[63]

In dieser Arbeit sind einige wichtige Elemente aufgezählt, die für das traumatische Erleben relevant sind. Abbildung 3 fasst diese Elemente sowie ihre Wechselwirkung zusammen. Das Schaubild

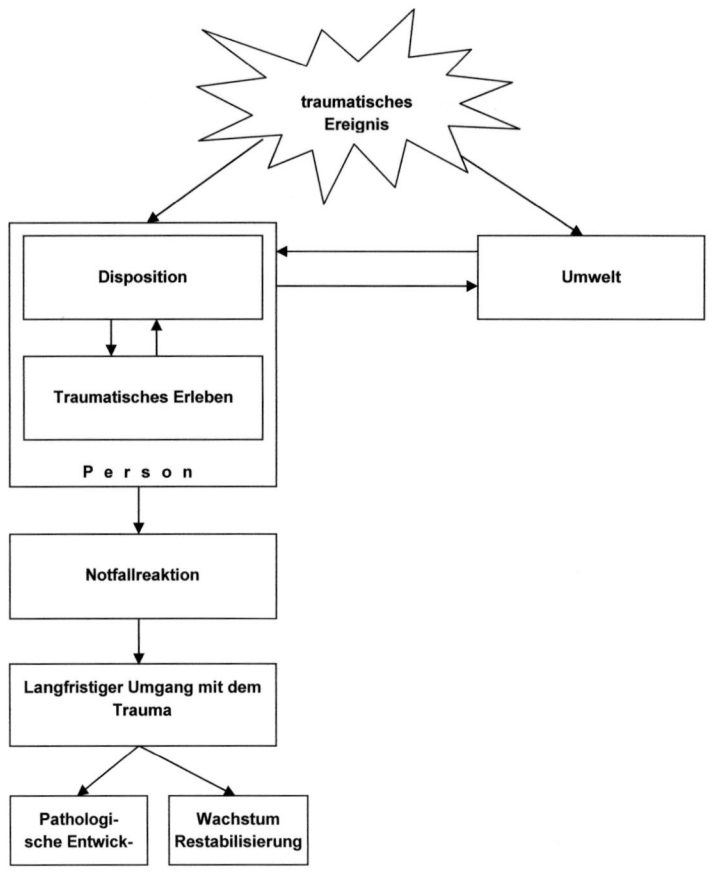

Abbildung 3: Elemente traumatischen Erlebens, langfristiger Verlauf

greift dabei auf ein bereits vorhandenes Schema von Hausmann zurück, welches aber um einige Aspekte ergänzt wird[64].

2.2 Krisensymptomatik

Im Folgenden sollen die wichtigsten Formen der Symptomatik beschrieben werden, wie sie *nach* Erleben eines psychischen Traumas auftreten können. Das Wissen um die Krisensymptomatik soll helfen, die Situation psychisch Traumatisierter besser verstehen und einschätzen zu lernen. Es soll dabei um einen Überblick der Symptomatik gehen; ausführlichere Darstellung ist für den Zweck dieser Arbeit nicht notwendig.

2.2.1 Dissoziation

Der Begriff „Dissoziation" kommt aus dem Lateinischen und bedeutet soviel wie Trennung, Scheidung[65]. Er begegnet unter anderem in der klinischen Psychologie, als dissoziative Störung, aber auch im Alltag hat das Phänomen der Dissoziation seine Bedeutung[66].

Zunächst aber ist mit diesem Begriff das strukturelle Aufspalten mentaler Prozesse beschrieben, „bei der es zu einer Abspaltung von Wahrnehmungen, Bedeutungen, Gefühlen, Erinnerungen oder gar Teilen der Identität kommen kann."[67]

Im Alltag geschieht dies zum Beispiel, wenn wir uns auf eine Sache konzentrieren. Dabei schieben wir jene Dinge auf die Seite, die unser Gehirn derartig ablenken und beanspruchen würden, sodass wir nicht mehr der eigentlich gewollten Tätigkeit nachgehen könnten. Wenn wir beim Lesen ständig den Raum um uns herum immer wieder neu analysieren würden, würden wir ein Buch wohl niemals zu Ende lesen können. Wenn es aber gelingt – gerade bei einem spannenden Buch – die Welt um uns herum zu vergessen, handelt es sich hierbei um Dissoziieren.

Auch in Situationen, die Menschen belasten, kann die Dissoziation wirken. Zum Beispiel, indem Kinder sich beim Erleben einer traumatischen Situation etwa vorstellen, „sie wären in Wirklichkeit woanders oder eine andere Person, unsichtbar oder schmerzunempfindlich."[68] Oder jemand erlebt eine belastende Situation, als stünde er außerhalb seines Körpers und beobachte jemand Fremden, obwohl er selbst es ist, der das Beobachtete erlebt. Eine andere Beschreibung des Phänomens bezeichnet die Dissoziation als „eine Weise, Informationen zu organisieren"[69]. Erlebt ein Mensch ein psychisches Trauma, wird er mit einer Flut an Informationen und Eindrücken konfrontiert, die das Gehirn zwar aufnehmen, aber primär nicht adäquat verarbeiten und integrieren kann. Aus diesem Grund wird das Erleben in einzelne Elemente „aufgespaltet", da es zunächst nicht möglich ist, die Elemente „zu einem einheitlichen Ganzen oder in ein integriertes Selbst-Gefühl"[70] zu fügen.

Dissoziation kann dabei verschiedene Erscheinungsformen haben. Eine dissoziative Amnesie etwa ist die Unfähigkeit, sich an bestimmte Ereignisse oder Teilaspekte davon zu erinnern. Für den Erinnerungsverlust können dabei keine anderweitigen Erklärungen gegeben werden, weder organische Störungen (etwa ein Schädelhirntrauma) noch kann die „übliche Vergesslichkeit oder Ermüdung"[71] Ursache der Amnesie sein. Die Amnesie kann hierbei durchaus variieren, das heißt, ein Betroffener kann sich momentan an eine bestimmte Situation erinnern, bald darauf fehlt ihm aber diese Erinnerung und umgekehrt.

Andere dissoziative Erscheinungsformen sind die „Derealisation" und „Depersonalisation". Unter „Derealisation" versteht man, dass der Betroffene beispielsweise seine Umgebung als unwirklich erlebt. Bisher vertraute Orte sind plötzlich fremd, obwohl sie durchaus als bekannte Umgebungen identifiziert werden können. Die „Depersonalisation" ist ähnlich; dabei wird die eigene Person oder Personen aus dem Umfeld, die eigentlich bekannt und vertraut sind, als fremd und irreal wahrgenommen. Menschen beschreiben in der peritraumatischen Phase oftmals, dass sie sich vorkommen wie in einem Traum oder in einem Film, aus dem sie nur aufzuwachen wünschen.

Eine „dissoziative Fugue" beschreibt das Phänomen, sich plötzlich an einem Ort wiederzufinden, ohne zu wissen, wie man dort eigentlich hingekommen ist. Eine „dissoziative Identitätsstörung" ist dann gegeben, wenn die Wahrnehmung und das Erleben der eigenen Identität gestört sind. Sie ist dadurch gekennzeichnet,

„dass bei einer Person unterschiedliche, von einander abgrenzbare Persönlichkeiten oder Identitäten existieren und abwechselnd im Vordergrund stehen"[72]. Es ist möglich, dass eine Person im einen Moment Ich-Zustände auslebt, die Schmerz-, Angst- und Wutgefühle bezüglich eines erlittenen Traumas erkennen lassen, aber schon im nächsten Moment kann von der selben Person ein Ich-Zustand ausgelebt werden, der sich an eine psychische Traumatisierung nicht mehr erinnert[73].

2.2.2 Intrusionen

Intrusionen (lateinisch: Eindringen, Aufdrängen[74]) sind Eindrücke und Erinnerungen, die belastend sind, sich dem Betroffenen aber immer wieder aufdrängen. „Sie sind gekennzeichnet durch lebhaftes, ungewolltes Wiedererleben mit ‚Hier und jetzt'-Qualität."[75] Die „Hier und jetzt"-Qualität wird dadurch verstärkt, dass das Erleben oftmals in Form sensorischer Eindrücke und in Form von Gefühlen und körperlichen Reaktionen geschieht, also „in Bildern, Geräuschen und anderen lebhaften Eindrücken des traumatischen Ereignisses"[76]. Oftmals sind es Erinnerungen kurz vor oder während des traumatischen Ereignisses, die in Form von Intrusionen wieder auftauchen. Dies liegt daran, dass sie als sogenannte „Hinweisreize"[77] für die traumatische Erfahrung gelten und gerade diese Reize während der Traumatisierung als besonders eindrücklich aufgenommen werden. Erlebt der psychisch Traumatisierte ähnliche, aber durchaus ungefährliche Situationen wieder, können durch Assoziationen sogenannte Flashbacks auftreten (beispielsweise kann das (traumatisierende) Erleben eines Beinahe-Unfalls im Straßenverkehr, bei dem kurz vor dem Beinahe-Zusammenstoß ein Hupsignal wahrgenommen wurde, zu Flashbacks führen, wenn der Betroffene in einer völlig ungefährlichen Situation wieder ein Hupsignal vernimmt und das Gehirn das Hupen der ungefährlichen Situation mit dem Hupen in der Gefahrensituation von damals assoziiert). Aufgrund der Eindrücklichkeit dieses Ereignisses ist es auch schwierig, aus diesem „Fehlalarm" zu lernen, da es sich hier nicht um eine kognitive Reaktion auf das

Hupen, sondern um einen konditionierten Reiz handelt, der dann zu einer konditionierten Reizreaktion führt.

Intrusionen sind dabei (kleinste) Fragmente aus der Erinnerung an die Traumatisierung. Sie zu verarbeiten und zu integrieren hängt davon ab, inwieweit sich der Traumatisierte überhaupt dem Verarbeitungsprozess stellen kann. „Wenn die Betroffenen das Trauma und seine Bedeutung nicht oder nur unvollständig verstehen, kann die inhaltliche Verarbeitung der Erlebnisse zu keinem Abschluss kommen. Dadurch kann das Trauma auch nicht mit den anderen Lebenserfahrungen sinnvoll verknüpft werden. Es steht in keinem sinnvollen Kontext zu einem Früher oder Später und zu anderen Erinnerungen. Dieser fehlende Kontext bewirkt die „Hier und jetzt"-Qualität: Das Trauma bleibt ständig gegenwärtig. Zugleich ist es aufgrund der mangelnden Verknüpfung kaum möglich, die Erinnerungen gezielt aus dem Gedächtnis abzurufen. Sie bleiben bruchstückhaft und unkontrollierbar."[78]

2.2.3 Vermeidung

Das Vermeidungsverhalten hängt mit der erlebten Reizüberflutung zusammen, die durch Intrusionen erfolgt. Mit viel Energie versuchen die Betroffenen, „die sie überflutenden Gedanken ‚abzuschalten', d. h. nicht mehr an das Geschehene zu denken"[79], was oftmals nicht gelingt. Der Versuch zur Vermeidung geschieht zum Beispiel, indem man Situationen, Orten, aber auch Tätigkeiten, Geräuschen und allem anderen, was man mit dem traumatischen Erleben verbindet, bewusst oder unbewusst aus dem Weg geht.

Bezüglich der Traumaverarbeitung ist vermeidendes Verhalten nicht unbedingt ungünstig, „da es durch eine zu rasche Aufgabe des Vermeidungsverhaltens zu einem Sicherheitsverlust kommen kann."[80] Schwierig wird es aber, wenn sich das Vermeidungsverhalten ausweitet, sodass mehr und mehr Alltagsorte und – situationen vermieden werden. „Oft geraten Klienten in eine Spirale des sich ausweitenden phobischen Vermeidungsverhaltens hinein, ohne dies bewusst zu bemerken, denn die Vermeidung verringert die traumabedingten Angstzustände, der Klient wird durch die Vermeidung ruhiger."[81]

2.2.4 Übererregung

Nach traumatischen Erfahrungen kann sich das Erregungsniveau, also jene Schwelle, bis zu deren Überschreiten eine Person ohne große Erregung auf Stimuli von außen reagiert, verändern. Dies kann verschiedene Formen annehmen: Schlafstörungen, erhöhte Reizbarkeit, Konzentrationsschwierigkeiten, übermäßige Wachsamkeit oder erhöhte Schreckreaktion[82]. Die erhöhte Erregbarkeit hängt auch damit zusammen, dass gewohnte Entspannungsmöglichkeiten in der posttraumatischen Phase nicht zur Verfügung stehen[83].

Die Übererregung kann auch für die Menschen im Umfeld des Betroffenen belastend sein, da aufgrund der Dauererregung und dem ständigen Bereithalten im Alarmzustand kleine Irritationen ausreichen können, um den Betroffenen zu heftigen Reaktionen zu veranlassen, die mitunter sowohl fremd- als auch selbstgefährdend sein können[84].

2.2.5 Akute Belastungsreaktion und akute Belastungsstörung

Nach ICD-10[85] gilt die akute Belastungsreaktion (F 43.0) als „vorübergehende Störung von beträchtlichem Schweregrad"[86]. Sowohl der kausale Zusammenhang als auch die zeitliche Nähe zu einer ungewöhnlichen Belastung müssen nachweisbar sein. Mit dem Auftreten von Symptomen steht das traumatische Ereignis dabei nicht nur im Zusammenhang, sondern ist das initialisierende Moment, sodass „die Störung (...) ohne sein Einwirken nicht entstanden"[87] wäre. Die akute Belastungsreaktion wird im Allgemeinen innerhalb von Stunden oder Tagen abklingen.

Das auslösende Ereignis wird näherhin beschrieben als ernsthafte „Bedrohung für die Sicherheit oder körperliche Unversehrtheit des Patienten oder einer geliebten Person (...) oder eine ungewöhnlich plötzliche und bedrohliche Veränderung der sozialen Stellung und/ oder des Beziehungsnetzes des Betroffenen"[88], umfasst also Katastrophen, Unfälle, medizinische Notfälle, Verbrechen, Gewalterfahrungen usw.

Die Tatsache, dass nicht alle Menschen von vergleichbaren Ereignissen gleichermaßen belastet werden, ist ein Hinweis auf ver-

schiedene Vulnerabilitätsgrade sowie auf von Person zu Person unterschiedliche Bewältigungsmechanismen.
Die auftretenden Symptome sind ganz verschieden, beginnen laut ICD-10 aber mit einer Art „'Betäubung', einer gewissen Bewusstseinseinengung und eingeschränkten Aufmerksamkeit, einer Unfähigkeit, Reize zu verarbeiten und Desorientiertheit."[89] Hieraus kann sich im weiteren Verlauf sowohl sich rückziehendes als auch hyperaktives Verhalten entwickeln. Die posttraumatischen Ereignisse können mit einer teilweisen oder vollständigen Amnesie einhergehen.
Menschen, bei denen Symptome auf eine Belastungsreaktion hinweisen, können ganz unterschiedlich reagieren. Krüsmann und Müller-Cyran beschreiben dies folgendermaßen: „Während einige mit panischer Angst und/ oder Verzweiflung reagieren und ohne einen klaren Gedanken fassen zu können planlos, überaktiv und unruhig ‚im Kreis rennen', funktionieren andere ‚wie gefühllose Roboter'. Diese Menschen wirken nach außen oftmals ruhig und gefasst, sie können weiterhin handeln, erleben aber selber eine extreme Entfremdung von sich selbst und von dem, was um sie herum vorgeht. Andere wieder bewegen sich wie Geister durch die Szene, deren Erleben ist geprägt von Apathie und Teilnahmslosigkeit."[90]
Auch wenn im DSM-IV[91] unter dem Krankheitsbild „akute Belastungsstörung" die ICD-10-Codifizierung zum Krankheitsbild der „akuten Belastungsreaktion" als Querverweis zu finden ist und sich die Beschreibungen der Symptomatik durchaus ähnlich sind, so sind zwischen beiden Störungsbildern doch auch deutliche Unterschiede erkennbar.
Während bei der Belastungsreaktion im ICD-10 ein zeitlicher Zusammenhang zwischen initialisierendem Ereignis und Beginn der Symptomatik vorliegen muss, wird bei der Beschreibung der akuten Belastungsstörung im DSM-IV deutlich, dass diese Störung frühestens nach zwei Tagen diagnostiziert werden kann[92].
Die „akute Belastungsstörung" („Acute Stress Disorder"[93], 308.3) der DSM-IV ist gekennzeichnet durch mindestens drei dissoziative Symptome, die während oder kurz nach der Traumatisierung in Erscheinung treten. Diese sind: „ein subjektives Gefühl der Emp-

findungslosigkeit, des Losgelöstseins von anderen oder das Fehlen emotionaler Reaktionsfähigkeit; eine Beeinträchtigung der bewussten Wahrnehmung der Umwelt; Derealisation; Depersonalisation oder dissoziative Amnesie"[94].
Die Symptome der akuten Belastungsreaktion sollen innerhalb von 24 bzw. 48 Stunden beginnen abzuklingen und spätestens nach drei Tagen nur noch minimal vorhanden sein[95], laut DSM-IV hält das Störungsbild mindestens zwei Tage und maximal vier Wochen nach dem psychischen Trauma an[96]. Hält die Reaktion bzw. Störung länger an und bleibt eine Verbesserung der Symptomatik zunächst aus, spricht man von einer „posttraumatischen Belastungsstörung".

2.2.6 Zusammenfassung der Symptomatik

Auffallend ist, dass ICD-10 und DSM-IV zur Beschreibung einer ähnlichen Symptomatik ein unterschiedliches Vokabular verwenden: Das ICD-10 spricht von einer „Reaktion" während das DSM-IV die Bezeichnung „Störung" verwendet.
„Psychische Störung" ist ein Begriff aus der klinischen Psychologie. Allerdings ist er nicht eindeutig definiert, sondern erklärt sich immer nur aus dem aktuellen Stand der Forschung heraus[97].
Derzeit gibt es einige Merkmale, die eine psychische Störung kennzeichnen können. Allerdings decken diese Merkmale immer nur einen Teilbereich ab, was eine vollständige Definition umschreiben müsste. „Daher spricht man in der Regel von einer psychischen Störung, wenn mehrere dieser Merkmale gleichzeitig vorliegen."[98] Definitionen der „psychischen Störung" setzen sich zusammen aus Merkmalen wie statistische Seltenheit, Verletzen von sozialen Normen, persönliches Leid, Beeinträchtigung der Lebensführung, unangemessenes Verhalten, etc. Psychische Störungen treten dabei in vielen Varianten auf, etwa Essstörungen, Panikstörungen, bipolare Störungen, usw. All diese Störungen bedürfen in der Regel einer Behandlung, genauer gesagt einer Therapie.
Anders bei der akuten Belastungsstörung. Sie bedarf in der Regel keiner Therapie, denn die im DSM-IV beschriebene Symptomatik

bezeichnet eine Reaktion auf eine Krise, die nicht endlos andauert und in der Regel auch ohne Intervention wieder abklingt. Während dabei eine Intervention durchaus nützlich sein kann[99], wäre eine Therapie eine inadäquate Maßnahme, die den Betroffenen zum Patienten machen würde. Wer aber unter einer Belastungsstörung leidet, ist zunächst einmal nicht krank, sondern in einem Prozess, der eine Neuorientierung fordert.

Aus diesem Grund halte ich es nicht für sinnvoll, in diesem Zusammenhang von einer Störung zu sprechen, da dieser Begriff in der klinischen Psychologie bereits eine Bedeutung hat, die pathologisches Verhalten beschreibt; besser scheint mir der Begriff „Reaktion" zu sein, da die akute Belastungsreaktion in der Tat eine normale Reaktion auf ein abnormales Ereignis ist. Das ist der Grund, warum in diesem Buch die akute Belastungsreaktion unter den Symptomen in Kapitel 2.2 und nicht bei den Beschreibungen der Pathologien zu finden ist, die im Kapitel 2.3 beschrieben werden[100].

Festzuhalten ist, dass all die genannten Symptome (und auch jene, die nicht genannt wurden), von den Betroffenen oftmals als beängstigend und belastend wahrgenommen werden, gleichzeitig aber auch „als Überlebensstrategie und Schutzmechanismus"[101] dienen können, und zwar für den Fall, dass die gewöhnlichen Bewältigungsstrategien in der posttraumatischen Situation nicht mehr funktionieren. „So sind dissoziative Mechanismen Wahrnehmungsveränderungen, die Situationen, in denen Menschen vollkommen hilflos ausgeliefert sind, erträglich machen können. Durch Depersonalisation kann der eigene Körper, durch Derealisation die äußere Realität verlassen werden."[102]

Betroffenen die hilfreichen Seiten der Krisensymptomatik deutlich zu machen, ist eine wichtige Aufgabe in der psychosozialen Notfallversorgung. Wer darüber Bescheid weiß, dass die - für die meisten Betroffenen wohl unbekannten - Reaktionen in der ersten Zeit nach einem belastenden Ereignis normal sind und sogar über heilendes Potential verfügen, kann den Symptomen oftmals angstfreier begegnen.

Horowitz beschreibt als wesentlichen Aspekt einer belastenden Erfahrung, dass diese nicht in die bisherigen Erfahrungsschemata (also zum Beispiel die Vorstellung der eigenen Unverletzbarkeit oder der eigenen Kompetenz) eingegliedert werden kann[103]. Das traumatische Erlebnis bietet also neue Informationen, die mit den bisherigen Informationen und Informationsverarbeitungssystemen zunächst inkompatibel sind. Die Auseinandersetzung mit diesen Informationen verläuft unter Stress, da die Informationen in der Regel einen existentiellen Charakter haben. Die kognitiven Prozesse verlaufen immer als eine Gratwanderung: um die neuen Informationen zu integrieren, muss sich der Betroffene mit ihnen auseinandersetzen. Dies bedeutet aber, sich dem Traumaerleben erneut auszusetzen, sich auf Angstzustände einzulassen, die eigene Verletzlichkeit auszuhalten, usw. Die Symptome der akuten Belastungsreaktion sind dabei Instrumente, mit deren Hilfe diese Gratwanderung gelingen kann. Butollo et al. Beschreiben bezüglich der Vermeidung das, was auch für die anderen genannten Symptome gilt: „Vermeidung ist dort funktional, wo dieser Verarbeitungsprozess zu bedrohlich wird, sie ermöglicht eine quasi portionierte Beschäftigung in erträglichen Teilschritten. Sie wird dort dysfunktional und damit pathologisch, wo sie extreme Formen annimmt (z. B. Sucht) und ein Durcharbeiten verhindert."[104]

Das Modell von Horowitz (Abbildung 4) beschreibt diesen Verarbeitungsprozess, der aus unterschiedlichen Phasen besteht. Diese können sich abwechseln, wiederholen und mehr oder weniger intensiv sein. Die erste Phase nach dem Trauma ist die Phase des Aufschreis, die die Realisation des Geschehenen beinhaltet sowie ein erstes Reagieren, das von Angst und Verzweiflung gekennzeichnet ist. Dann folgt ein Pendeln zwischen den Phasen Verleugnung und Intrusion, also ein Schwanken zwischen Nicht-wahr-haben-Wollen und intrusiven Erinnerungen. Nach und nach tritt der Betroffene in die Phase des Durcharbeitens ein, „in der bisherige Schemata und Rollenvorstellung überdacht werden können und mit den neuen Lebenserfahrungen in Einklang gebracht werden."[105] Gelingt es, das Trauma in die Biografie zu integrieren, kann es zu einem Wachstum kommen; gelingt es nicht, so führt es zu einer pathologischen Fixierung des Traumas[106].

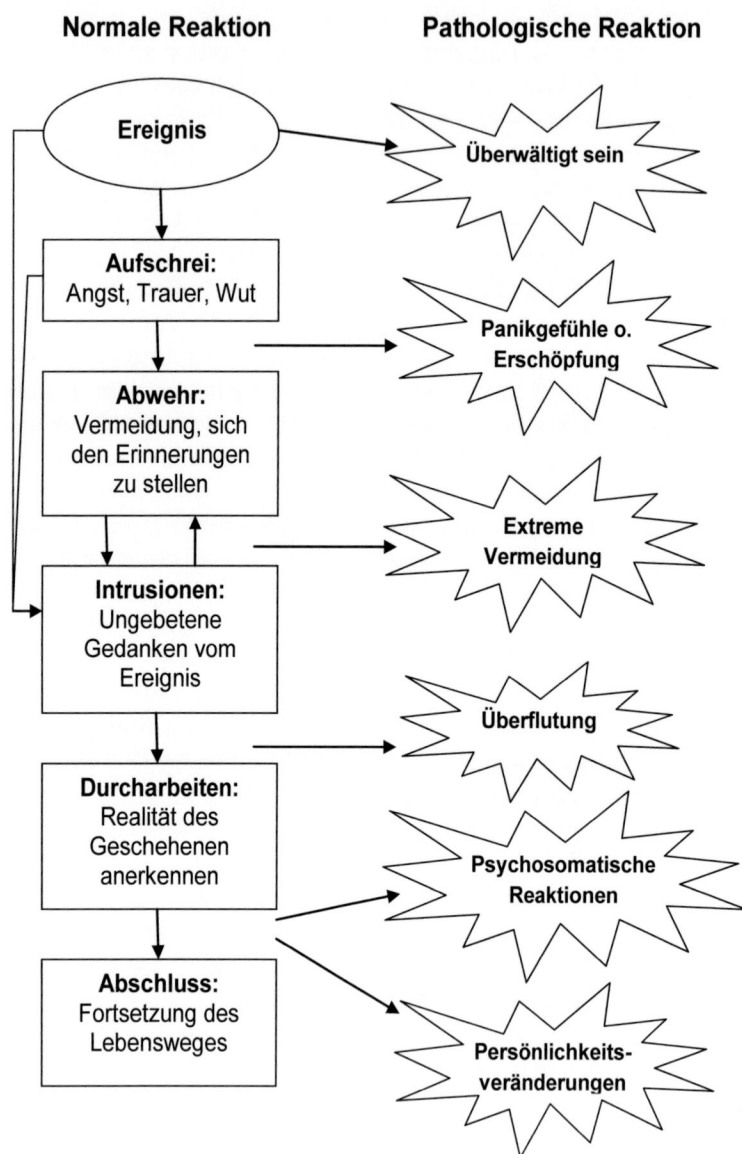

**Abbildung 4: Phasenmodell nach Horowitz
(Quelle: Horowitz (2003), S. 109)**

2.3 Pathologie

Nachdem in Kapitel 2.2 die wichtigsten Symptome als „normales Reagieren auf ein unnormales Ereignis" beschrieben wurden, befasst sich dieses Kapitel mit den pathologischen Folgen einer psychischen Traumatisierung.

2.3.1 Posttraumatische Belastungsstörung (F 43.1/ ICD-10; 309.81/ DSM-IV)

Auch bei der Beschreibung der Posttraumatischen Belastungsstörung (PTBS, englisch: Posttraumatic Stress Disorder, PTSD) ist ein Zusammenhang zwischen der Symptomatik und einem traumatischen Ereignis gefordert, allerdings mit einer Latenzzeit, die Wochen bis Monate, selten länger als sechs Monate dauern kann[107].

Als typisch wird das Wiederholen des Traumas, z. B. in Form von Flashbacks, Träumen, sich aufdrängenden Erinnerungen etc. beschrieben. Um solches Wiedererinnern zu vermeiden, gehen Betroffene jenen Situationen und Aktivitäten aus dem Weg, die das Wachrufen der Erinnerungen an das Trauma begünstigen könnten. Das Gefühl des „Betäubtsein und emotionaler Stumpfheit, Gleichgültigkeit gegenüber anderen Menschen, Teilnahmslosigkeit der Umgebung gegenüber, Anhedonie"[108] sind ebenfalls kennzeichnend, genauso wie „ein Zustand vegetativer Übererregtheit mit Vigilanzsteigerung, einer übermäßigen Schreckhaftigkeit und Schlaflosigkeit"[109]. Suizidgedanken und Substanzmittel- sowie Alkoholmissbrauch können die Folge sein.

Das DSM-IV beschreibt eine ähnliche Symptomatik, fügt aber zudem noch hinzu, dass das vollständige Symptombild länger als einen Monat anhalten und „in klinisch bedeutsamer Weise Leiden oder Beeinträchtigungen in sozialen, beruflichen oder anderen wichtigen Funktionsbereichen verursachen"[110] muss. Abbildung 5 stellt die diagnostischen Kriterien der PTSD dar.

A. Die Person wurde mit einem traumatischen Ereignis konfrontiert, bei dem die beiden folgenden Kriterien vorhanden waren:
(1) Die Person erlebte, beobachtete oder war mit einem oder mehreren Ereignissen konfrontiert, die tatsächlichen oder drohenden Tod oder ernsthafte Verletzung oder eine Gefahr der körperlichen Unversehrtheit der eigenen Person oder anderer Personen beinhalteten.
(2) Die Reaktion der Person umfasste intensive Furcht, Hilflosigkeit oder Entsetzen.
Beachte: Bei Kindern kann sich dies auch durch aufgelöstes oder agitiertes Verhalten äußern.

B. Das traumatische Ereignis wird beharrlich auf mindestens eine der folgenden Weisen wiedererlebt:
(1) wiederkehrende und eindringliche belastende Erinnerungen an das Ereignis, die Bilder, Gedanken oder Wahrnehmungen umfassen können.
Beachte: Bei kleinen Kindern können Spiele auftreten, in denen wiederholt Themen oder Aspekte des Traumas ausgedrückt werden.
(2) Wiederkehrende, belastende Träume von dem Ereignis.
Beachte: Bei Kindern können stark beängstigende Träume ohne wiedererkennbaren Inhalt auftreten,
(3) Handeln oder Fühlen, als ob das traumatische Ereignis wiederkehrt (beinhaltet das Gefühl, das Ereignis wiederzuerleben, Illusionen, Halluzinationen und dissoziative Flashback-Episoden, einschließlich solcher, die beim Aufwachen oder bei Intoxikationen auftreten).
Beachte: Bei kleinen Kindern kann eine traumaspezifische Neuinszenierung auftreten.
(4) Intensive psychische Belastung bei der Konfrontation mit internalen oder externalen Hinweisreizen, die einen Aspekt des traumatischen Ereignisses symbolisieren oder an Aspekte desselben erinnern.
(5) Körperliche Reaktionen bei der Konfrontation mit internalen oder externalen Hinweisreizen, die einen Aspekt des traumatischen Ereignisses symbolisieren oder an Aspekte desselben erinnern.

C. Anhaltende Vermeidung von Reizen, die mit dem Trauma verbunden sind, oder eine Abflachung der allgemeinen Reagibilität (vor dem Trauma nicht vorhanden). Mindestens drei der folgenden Symptome liegen vor:

(1) bewusstes Vermeiden von Gedanken, Gefühlen oder Gesprächen, die mit dem Trauma in Verbindung stehen,
(2) bewusstes Vermeiden von Aktivitäten, Orten oder Menschen, die Erinnerungen an das Trauma wachrufen,
(3) Unfähigkeit, einen wichtigen Aspekt des Traumas zu erinnern,
(4) deutlich vermindertes Interesse oder verminderte Teilnahme an wichtigen Aktivitäten,
(5) Gefühl der Losgelöstheit oder Entfremdung von anderen,
(6) eingeschränkte Bandbreite des Affekts (z.B. Unfähigkeit, zärtliche Gefühle zu empfinden),
(7) Gefühl einer eingeschränkten Zukunft (z.b. erwartet nicht, Karriere, Ehe, Kinder oder normal langes Leben zu haben).

D. Anhaltende Symptome erhöhten Arousals (vor dem Trauma nicht vorhanden). Mindestens zwei der folgenden Symptome liegen vor:
(1) Schwierigkeiten ein- oder durchzuschlafen,
(2) Reizbarkeit oder Wutausbrüche,
(3) Konzentrationsschwierigkeiten,
(4) übermäßige Wachsamkeit (Hypervigilanz),
(5) übertriebene Schreckreaktion.

E. Das Störungsbild (Symptome unter Kriterium B, C und D) dauert länger als 1 Monat.

F. Das Störungsbild verursacht in klinisch bedeutsamer Weise Leiden oder Beeinträchtigungen in sozialen, beruflichen oder anderen wichtigen Funktionsbereichen.

Bestimme, ob:
Akut: Wenn die Symptome weniger als 3 Monate andauern.
Chronisch: Wenn die Symptome mehr als 3 Monate andauern.
Mit Verzögertem Beginn: Wenn der Beginn der Symptome mindestens 6 Monate nach dem Belastungsfaktor liegt.

Abbildung 5: Kriterienübersicht Posttraumatische Belastungsstörung (Saß (1996), S. 492f.)

Die Symptome können in drei Hauptgruppen unterteilt werden[111]: Symptome des Wiedererlebens, der Vermeidung und der Übererregung. Dies führt zur Unterscheidung zwischen ausgeprägter und partieller PTBS; ersteres kann diagnostiziert werden, wenn die Symptome alle drei Gruppen umfassen, letztere Bezeichnung wird angewendet, wenn nur ein Teil der Hauptsymptome vorhanden sind. Krüsmann und Müller-Cyran weisen aber darauf hin, dass die beschriebenen Symptomgruppen nicht isoliert betrachtet werden sollten, „denn sie bedingen sich gegenseitig und halten sich auch wechselseitig aufrecht."[112] Die Autoren stellen zudem fest, dass die in den Klassifizierungen dargestellten Symptome nicht die einzig möglichen Reaktionsformen sind, sondern dass in Forschungsarbeiten herausgearbeitet werden konnte, dass auch andere Störungsbilder sich im Kontext zu traumatischen Erfahrungen anhäufen, so etwa Borderline-Persönlichkeitsstörungen, Depressionen, usw.[113]

2.3.2 Weitere Störungsbilder und Komorbidität

Im Zusammenhang mit pathologischen Reaktionen im Kontext von traumatischen Erfahrungen sind noch weitere klinisch relevante Störungsbilder zu nennen, etwa die Anpassungsstörung (F 43.2) und andauernde Persönlichkeitsveränderung (F 62.0), aber auch Essstörungen, Somatisierungs- und Schmerzstörungen, etc.[114] Die genannten Störungen können sich dabei aus der posttraumatischen Belastungsstörung entwickeln, oder aber als komorbide Störungen auftreten (eine erhöhte Komorbiditätsrate ist sogar in Studien nachgewiesen worden[115]).

Da eine umfassende Übersicht von möglichen Störungen nach einem traumatischen Ereignis den Rahmen dieser Arbeit sprengen würde, soll auf weitere Störungsbilder nicht weiter eingegangen werden. Für die Arbeit mit traumatisierten Menschen in der peritraumatischen Phase sind aber grundlegende Kenntnisse auch über langfristige Verläufe von Störungsbildern unerlässlich.

2.4 Epidemiologie

Seit einigen Jahrzehnten versuchen Studien Zahlen zu erheben, um die Entwicklung nach einem traumatischen Ereignis hin zu einer Genesung bzw. zu einer Erkrankung sowie die Häufigkeit des Auftretens der Posttraumatischen Belastungsstörung zu belegen. Dabei muss differenziert werden zwischen älteren (80er Jahre) und neueren Studien (90er Jahre), die sich vor allem darin unterscheiden, dass die neueren Studien deutlich höhere Prävalenzraten aufweisen als die früheren Untersuchungen[116]. Ebenso muss bei den Ergebnissen beachtet werden, dass es zwei Möglichkeiten gibt, die Prävalenz der Posttraumatischen Belastungsstörung zu ermitteln: zum einen in Bezug auf die Gesamtpopulation, zum anderen in Bezug auf Risikopopulationen[117]. Dabei machen die Studien zwei Kategorien von Risikopopulationen aus. Zum einen die Gruppe von Menschen, die „in besonders widrigen Lebensverhältnissen leben und damit Willkür und Gewalt stärker ausgesetzt sind."[118] Dazu gehören etwa Obdachlose und Personen mit illegalem Aufenthaltsstatus. Die andere Gruppe mit erhöhtem Risiko sind Einsatzkräfte von Polizei, Rettungsdienst, u. ä.[119]

Daran wird deutlich, dass das Risiko einer belastenden Erfahrung ausgesetzt zu werden und an einer Posttraumatischen Belastungsstörung zu erkranken, nicht auf alle Personen gleichmäßig verteilt ist, sondern es variiert je nach Beruf, gesellschaftlichem Status, aber auch nach Geschlecht, Alter, Herkunft, usw.

Auch wenn derartige Angaben genauso wenig einen zuverlässigen Indikator für die Entstehung einer PTBS darstellen wie das traumatische Ereignis selbst, bieten sie dennoch einen Hinweis auf Personengruppen mit erhöhtem Gefährdungspotential.

Bei der Erhebung der Zahlen muss beständig die Herangehensweise reflektiert werden, denn Ergebnisschwankungen in verschiedenen Studien sind teilweise sicherlich auf unterschiedliche Erhebungsmethoden zurückzuführen. So ist anzunehmen, dass Betroffene vor allem bei tabuisierten Erfahrungen (etwa sexuelle Gewalt) eher zögerlich darüber berichten.[120] Bei allen methodischen Schwierigkeiten kann dennoch davon ausgegangen werden, dass die Studien alles in allem in der Lage sind, die „durchschnittliche Realität"[121] wiederzugeben. Nicht zuletzt ähnliche Ergebnisse unterschiedlicher Untersuchungen, wie sie im Folgenden dargestellt werden, unterstreichen diese Annahme.

Die vermutlich meistzitierte Untersuchung ist derzeit die sogenannte Kessler-Studie, die offiziell *National Comorbidity Survey* (NCS)[122] heißt. Sie untersucht die Prävalenz der häufigsten psychischen Störungen der US-amerikanischen Bevölkerung, darunter auch die PTBS. Es 5877 Personen im Alter von 15 bis 54 Jahren befragt und festgestellt, dass mehr als die Hälfte der Befragten mindestens ein traumatisches Ereignis, wie es das DSM-III-R (die Vorgängerversion des DSM-IV) definiert, erlebt hatten (Männer: 60,7 %, Frauen 51,2 %). Der Großteil der Befragten erlebte gar mehrere traumatisierende Ereignisse. Dabei wurden am häufigsten genannt: Zeuge geworden zu sein vom Tod oder der ernsthaften Verletzung eines anderen Menschen; eine Katastrophe zu erleben; einen lebensbedrohlichen Unfall zu erleben.[123]

Die Lebenszeitprävalenz der PTBS, also das Risiko, im Laufe des Lebens an PTBS zu erkranken, lag der Kessler-Studie zufolge bei Männern bei 5 % und bei Frauen bei 10,4 %. Nach Erleben eines traumatischen Ereignisses lag die Wahrscheinlichkeit der Ausbildung einer PTBS bei Männern bei 8,2 % und bei Frauen bei 20,4 %, was aber je nach Art der Traumatisierung noch einmal stark schwanken konnte. Von Menschen zugefügte („man-made-disasters"[124]) und sexualisierte Traumatisierungen beinhalten dabei ein höheres Gefahrenpotential als beispielsweise Naturkatastrophen („natural disasters"[125]). Während Männer mehr traumatisierende Ereignisse erleben als Frauen[126], „erleben Frauen aber häufiger besonders widrige Ereignisse."[127] Die Ergebnisse der NCS-Studie gibt Tabelle 1 wieder.

Ähnliche Ergebnisse wie die Kessler-Studie liefert der *Detroit Area Survey of Trauma* (DAST) aus dem Jahr 1996. Dabei wurden 2181 Personen zwischen 18 und 45 Jahren untersucht. „Die Zahlen dieser Erhebung sind insofern genauer als die der NCS, als die Ereignisse differenzierter abgefragt wurden."[128] Die Studie ist auch deswegen interessant, weil ihr die Definition der PTBS des DSM-IV zugrunde liegt, die im Vergleich zu der früheren Definition versucht, das subjektive Empfinden des Erlebenden stärker zu

Art des traumatischen Ereignisses	Männer		Frauen	
	Prävalenz d. Ereignisses (in %)	PTBS nach Ereignis (in %)	Prävalenz d. Ereignisses (in %)	PTBS nach Ereignis (in %)
Vergewaltigung	0,7	65,0	9,2	45,9
sexuelle Belästigung	2,8	12,2	12,3	26,5
körperlicher Angriff	11,1	1,8	6,9	21,3
Kampfeinsatz	6,4	38,8	0,0	-
Bedrohung mit Waffe, Geiselnahme, Entführung	19,0	1,9	6,8	32,6
lebensbedrohlicher Unfall	25,0	6,3	13,8	8,8
Naturkatastrophe/ Feuer	18,9	3,7	15,2	5,4
körperlicher Missbrauch i. d. Kindheit	3,2	22,3	4,8	48,5
schwere Vernachlässigung i. d. Kindheit	2,1	23,9	3,4	19,7
Zeuge sein bei gewaltsamem Tod oder schwerer Verletzung	35,6	6,4	14,5	7,5
Schock, weil ein Angehöriger von einem solchen Ereignis betroffen war	11,4	4,4	12,4	10,4
anderes Trauma	2,2	12,7	2,7	33,4

Tabelle 1: Lebenszeitprävalenz traumatischer Ereignisse und das damit verbundene PTBS-Risiko in der NCS (zitiert nach Butollo et al. (2003a), S. 33)

berücksichtigen[129] (im DSM-IV handelt es sich dabei um das Kriterium A2; siehe dazu Kapitel 2.3.1). In dieser Studie wurde auch differenzierter nach einzelnen Traumatisierungen gefragt und um wichtige Ereignisse ergänzt. So findet im Vergleich zur Kessler-Studie auch der unerwartete Tod eines Angehörigen oder eines Freundes Berücksichtigung, was darauf verweist, dass psychische Traumatisierungen nicht nur bei außergewöhnlichen und spektakulären Ereignissen stattfindet wie bei Kampfeinsätzen oder Geiselnahmen, sondern dass viele belastende Ereignisse im Alltag geschehen[130].

Nach der *Detroit Area Survey of Trauma* erleben 92,2 % der Männer und 87,1 % der Frauen im Laufe ihres Leben mindestens ein traumatisches Ereignis. Das durchschnittliche Risiko, nach einem solchen Ereignis an einer PTBS zu erkranken, liegt bei 9,2 %

Art des traumatischen Ereignisses	Männer		Frauen	
	Prävalenz d. Ereignisses (in %)	PTBS nach Ereignis (in %)	Prävalenz d. Ereignisses (in %)	PTBS nach Ereignis (in %)
Gewaltakte	43,3	6,0	32,4	35,7
militärischer Kampfeinsatz	2,8	0	0,2	-
Vergewaltigung	1,1	-	9,4	49,0
andere Art von sexuellem Angriff	2,8	15,7	9,4	24,4
Gefangenschaft, Folter, Entführung, Geiselnahme	1,7	0	2,0	78,2
mit Waffe verletzt (z. B. angeschossen, Messerstich)	8,2	18,1	1,8	0
Überfall, Bedrohung mit Waffe	34,0	2,4	16,4	17,5
massiv geschlagen	13,1	6,4	9,8	56,2
andere Verletzung oder schockierende Erfahrung	68,0	6,6	52,0	5,4
schwerer Verkehrsunfall	32,8	1,6	23,5	3,6
andere/r ernsthafte/r Unfall oder Verletzung	18,5	10,4	9,5	28,3
Feuer/ Naturkatastrophe	17,9	7,3	15,3	0
Diagnose einer lebensbedrohlichen Krankheit (bei einem selbst)	3,6	1,2	5,9	1,0
Diagnose lebensbedrohlicher Krankheit beim Kind	2,6	17,8	3,5	0
Zeuge bei Tod oder schwerer Verletzung anderer	40,1	9,1	18,6	2,8
unerwartetes Finden einer Leiche	9,1	0	6,2	0,5
Erfahren, dass andere traumatisiert wurden (enge Freunde/ Verwandte)	63,1	1,4	61,8	3,2
plötzlicher, unerwarteter Tod eines Angehörigen/ Freundes	61,1	12,6	59,0	16,2
irgendein Trauma	92,2	6,2	87,1	13,0

Tabelle 2: Lebenszeitprävalenz traumatischer Ereignisse und das damit verbundene PTBS-Risiko in der DAST (zitiert nach Butollo et al. (2003a), S. 35)

(Männer: 6,2 %, Frauen 13 %). Auch die wichtigsten Ergebnisse dieser Studie sind tabellarisch zusammengefasst (Tabelle 2).
Für Deutschland existieren derzeit noch keine repräsentativen Studien über verschiedene Lebensalter[131], wohl aber Studien für die Altersgruppe der unter 25jährigen. Die Münchner Studie *Early Developmental Stages of Psychopathology* befragte 3021 Jugendliche und fand heraus, dass 18,6 % der männlichen und

15,5 % der weiblichen Jugendlichen ein traumatisches Ereignis erlebt hatten. Die weiblichen Teilnehmer gaben an, hauptsächlich sexuellen Missbrauch in der Kindheit erlebt zu haben. Männliche Teilnehmer dagegen waren eher mit körperlichen Angriffen, schweren Unfällen und Zeugenschaft eines derartigen Ereignisses konfrontiert[132]. In der Gesamtprävalenz waren, verglichen mit amerikanischen Studien, geringere Zahlen zu verzeichnen, was zum Teil mit den sichereren Lebensverhältnissen an den Erhebungsorten erklärt werden kann. Tabelle 3 fasst die wichtigsten Ergebnisse der genannten Studien zusammen. Dabei wird deutlich, dass die PTBS keineswegs eine seltene psychische Krankheit ist. Verglichen mit den Lebenszeitprävalenzen verdeutlichen die Zahlen allerdings, dass die meisten Menschen, die eine traumatische Erfahrung machen, keine PTBS entwickeln.[133]

Die Studien belegen, dass es der *normale* Verlauf ist, nach einem belastenden Ereignis keine psychische Störung zu entwickeln: „Der Normalfall nach Schicksalsschlägen ist, dass die Betroffenen das Erlebte in irgendeiner Weise so verarbeiten, verdrängen, wegleben, wegnormalisieren – und damit ist die Sache nach einer

Angaben in %	Traumaprävalenz		PTBS-Risiko bei Trauma		PTBS-Prävalenz	
	Männer	Frauen	Männer	Frauen	Männer	Frauen
National Co-morbidity Survey n = 5977 (Alter: 16 – 54) nach DSM-III-R	60,7	51,2	8,2	20,4	5,0	10,4
Detroit Area Survey of Trauma n = 2181 (Alter: 18 – 45) nach DSM-IV	92,2	87,1	9,5	17,7	10,2	18,3
Early Developmental Stages of Psychopathology n = 3021 (Alter: 14 – 24) nach DSM-IV	18,6	15,5	2,2	14,5	0,4	2,2

Tabelle 3: Zusammenfassung der Ergebnisse epidemiologischer Studien zu Traumahäufigkeit (Lebenszeitprävalenz), PTBS-Risiko und PTBS-Prävalenz (Lebenszeit) (Quelle: Butollo et al. (2003a), S. 38)

Weile gegessen."[134] Forschungen bei Opfern von Verkehrsunfällen, was durchaus ein hinreichender Stressor für die Entwicklung einer PTBS sein kann[135], belegen, „dass körperlich und psychisch gesunde, mit guten psychosozialen Ressourcen ausgestattete Personen auch einen schweren Unfall und seine Folgen in der Regel ohne größere psychische Probleme verarbeiten können."[136] Diese Ergebnisse zeigen, dass Betroffene in der Lage sind, psychische Traumatisierungen in der Regel unbeschadet zu überstehen. Es stellt sich die Frage, warum Menschen gesund bleiben, obwohl sie mitunter starke psychische Traumatisierungen erlitten haben. Damit sind wir bei der „Frage nach den Wirkfaktoren für die Erhaltung von Gesundheit"[137] angekommen, einer Frage, die in den letzten Jahrzehnten von Medizinern der sogenannten salutogenetischen Denkrichtung aufgegriffen worden ist, sich wachsender Beachtung erfreut und überwiegend positiv rezipiert wird[138]. Das salutogenetische Modell versucht, das dichotomische Denken zwischen „gesund" und „krank" aufzusprengen, um stattdessen den Gesundheitszustand eines Menschen auf einem „Gesundheits-Krankheits-Kontinuum" anzuzeigen[139] und berücksichtigt bei der Einschätzung von Patienten nicht nur biologische und somatische Dimensionen, sondern auch psychische und soziale[140]. Dieser ganzheitlichere Blick auf den Menschen macht das salutogenetische Modell auch für die Krisenintervention interessant, weswegen das Modell in den wichtigsten Grundzügen in Kapitel 4.2 beschrieben wird. An dieser Stelle kann die Salutogenese aber schon einmal den Hinweis geben, dass es wichtig ist, die Psychotraumatologie nicht nur als pathologisch-forschende Wissenschaft zu betreiben, sondern stärker als bisher die (natürlichen) Fähigkeiten und Ressourcen des Menschen ins Blickfeld zu rücken. Denn in den menschlichen Fähigkeiten und Ressourcen sind jene Kräfte zu vermuten, die die Bewältigung eines traumatisierenden Ereignisses ermöglichen.

[1] Frisk (1970), S. 20.

[2] Vgl. Daschner (2003), S. 11.

[3] Vgl. Ulich (1987), S. 1 oder Hannich et al. (2001), S. 228.

[4] Zur Selbst- und Fremdgefährdung in der peritraumatischen Phase vgl. z. B. Hausmann (2003), S. 136, ders. (2006), S. 30 oder Fertig (1997), S. 131.

[5] Vgl. auch Ulich (1987), S. 3 oder Kunz et al. (2007), S. 167.

[6] Sauvant & Schnyder (1993), S. 45.

[7] Vgl. Reiter & Strotzka (1977), S. 16 oder Ulich (1987), S. 3f.

[8] Ebd., S. VII.

[9] Kunz et al. (2007), S. 166.

[10] Vgl. ebd., S. 167f.

[11] Sonneck (2000), S. 32.

[12] Vgl. Ulich (1987), S. 14.

[13] Vgl. Sonneck (2000), S. 33.

[14] Cullberg (1978), S. 27.

[15] Vgl. Butollo et al. (2003a), S. 38f. und 110ff.Eine in diesem Zusammenhang häufig zitierte Studie ist zum Beispiel die „National Comorbidity Study" aus den USA (Kessler et al. (1995)).

[16] Dross (2001), S. 19.

[17] Ebd., S. 19.

[18] Vgl. Terr (1995), S. 303; in diesem Artikel geht es zwar um Kindheitstraumata, mittlerweile ist die beschriebene Aufteilung allerdings allgemein in der Psychotraumatologie angewandt.

[19] Hausmann (2006), S. 43.

[20] Vgl. Maercker (2003), S. 5.

[21] Vgl. Krüsmann & Müller-Cyran (2005), S. 58.

[22] Vgl. Maercker (2003), S. 5.

[23] Fischer & Riedesser (2003), S.82.

[24] Vgl. Fischer (2010).

[25] Fischer & Riedesser (2003), S. 82.

[26] Vgl. ebd., S. 63.

[27] Vgl. Fischer (2010).

[28] Ebd.

[29] Butollo (1988), S. 64.

[30] Ebd., S. 63.

[31] Vgl. Hausmann (2003), S. 60.

[32] Fischer (2010).

[33] Vgl. McFarlane & Yehuda (2000), S. 143.

[34] Vgl. Shalev (2000), S. 99ff.

[35] Vgl. McFarlane & Yehuda (2000), S. 143f.

[36] Vgl. Wikipedia (2009a).

[37] Lorenz (1980), S. 568.

[38] Vgl. Wikipedia (2009b) und Gethmann-Siefert (1980), S. 586.

[39] Fischer & Riedesser (2003), S. 63.

[40] Vgl. Butollo et al. (2003a), S. 121f.

[41] Van der Kolk et al. (2000), S. 251.

[42] PTBS steht für „Posttraumatische Belastungsstörung", vgl. Kapitel 2.3.1.

[43] Ebd., S. 252.

[44] Ebd., S. 252.

[45] Vgl. Abdallah-Steinkopff (1997), S. 38.

[46] Resick & Maercker (2003), S. 127.

[47] Resick & ebd., S. 127.

[48] Vgl. Butollo et al. (2003a), S. 122f.

[49] Ebd., S. 123.

[50] Vgl. zu dieser Thematik auch die Erfahrungen Viktor Frankls, einem jüdischen Arzt und Begründer der Logotherapie, einer sinnzentrierten psychotherapeutischen Schule. Aus seiner Zeit der Inhaftierung im KZ Auschwitz beschreibt er bereits das Phänomen des „mental planning", was er jedoch als „innere Freiheit" bezeichnet; nachzulesen in: Frankl & Batthyany (2006), S. 94ff.

[51] Krüsmann & Müller-Cyran (2005), S. 65.

[52] McFarlane & Yehuda (2000), S. 142.

[53] Ebd., S. 143.

[54] Vgl. Butollo et al. (2003a), S. 125.

[55] Vgl. Ehlers (1997), S. 581.

[56] Ebd., S. 581.

[57] Vgl. ebd., S. 582.

[58] Ebd., S. 582.

[59] Vgl. Butollo et al. (2003a), S. 126.

[60] Vgl. ebd., S. 126 und 128ff.

[61] Ebd., S. 128.

[62] Ebd., S. 128.

[63] Ebd., S. 129.

[64] So wird das vereinfachte Modell von Hausmann (Hausmann (2006), S. 44) verwendet, der sich wiederum auf Fischer und Riedesser (Fischer & Riedesser (2003), S. 134) bezieht. Zudem wird noch der Faktor „Umwelt" mit eingearbeitet, der im Traumaerleben ebenfalls eine Rolle spielt (vgl. auch ebd., S. 66 oder Krüsmann & Müller-Cyran (2005), S. 57).

[65] Vgl. Heinichen & Bauer (1999), Stichwort „dissociatio, onis" und „dissocio".

[66] Vgl. Huber (2007), S. 54.

[67] Butollo et al. (2003a), S. 45.

[68] Ebd., S. 46.

[69] Van der Kolk et al. (2000), S. 244.

[70] Ebd., S. 244.

[71] Dilling (2005), S. 175.

[72] Butollo et al. (2003a), S. 46.

[73] Vgl. van der Kolk et al. (2000), S. 245f.

[74] Vgl. Heinichen & Bauer (1999), Stichwort „intrusio, -onis".

[75] Hausmann (2006), S. 47.

[76] Maercker (2003), S. 6.

[77] Vgl. Hausmann (2006), S. 48.

[78] Ebd., S. 47.

[79] Maercker (2003), S. 6.

[80] Krüsmann & Müller-Cyran (2005), S. 206.

[81] Ebd., S. 207.

[82] Vgl. Saß (1996), S. 491f.

[83] Vgl. Krüsmann & Müller-Cyran (2005), S. 204.

[84] Vgl. Hausmann (2003), S. 81.

[85] ICD-10 steht für „International Statistical Classification of Diseases and Related Health Problems" und ist ein weltweit anerkanntes System zur Klassifizierung medizinischer Diagnosen, herausgegeben von der Weltgesundheitsorganisation (WHO).

[86] Dilling (2005), S. 168.

[87] Ebd., S. 167.

[88] Ebd., S. 168.

[89] Ebd., S. 168.

[90] Krüsmann & Müller-Cyran (2005), S. 48.

[91] DSM-IV steht für „Diagnostic and Statistical Manual of Mental Disorders" und ist ebenso wie das ICD-10 ein System zur Klassifizierung medizinischer Diagnosen, herausgegeben von der American Psychiatric Association.

[92] Vgl. Saß (1996), S. 493f. und auch Krüsmann & Müller-Cyran (2005), S. 45.

[93] Vgl. Hausmann (2006), S. 55.

[94] Saß (1996), S. 493.

[95] Vgl. Dilling (2005), S. 168.

[96] Vgl. Saß (1996), S. 493.

[97] Vgl. Wittchen (2006), S. 6f.

[98] Davison et al. (2007), S. 6.

[99] Vgl. Greenstone & Leviton (1994), S. 587.

[100] Vgl. Dörner (2005), S. 58.

[101] Butollo et al. (2003a), S. 46.
[102] Sonneck (2000), S. 53.
[103] Horowitz, zitiert nach Butollo et al. (2003a), S. 93.
[104] Ebd., S. 93.
[105] Ebd., S. 94.
[106] Vgl. ebd., S. 94.
[107] Vgl. Dilling (2005), S. 170.
[108] Ebd., S. 169.
[109] Ebd., S. 169.
[110] Saß (1996), S. 487.
[111] Vgl. Krüsmann & Müller-Cyran (2005), S. 51f oder Hausmann (2006), S. 57.
[112] Krüsmann & Müller-Cyran (2005), S. 52.
[113] Vgl. ebd., S. 54.
[114] Vgl. dazu die (nicht erschöpfende) Auflistung in Hausmann (2006), S. 62f.
[115] Vgl. Butollo et al. (2003a), S. 59.
[116] Vgl. Kessler et al. (1995) oder Breslau et al. (1998).
[117] Vgl. Resick & Maercker (2003), S. 50f.
[118] Butollo et al. (2003b), S. 31.
[119] Vgl. ebd., S. 32.
[120] Vgl. ebd., S. 31.
[121] Ebd., S. 31.
[122] Vgl. Kessler et al. (1995); im Folgenden wird diese und andere Studien vor allem aus Butollo et al. (2003b) zitiert.
[123] Vgl. ebd., S. 32.
[124] Fischer & Riedesser (2003), S. 81.
[125] Ebd., S. 81.
[126] Vgl. Butollo et al. (2003b), S. 32.
[127] Ebd., S: 32.
[128] Ebd., S. 34.
[129] Vgl. ebd., S. 17f. und 34.
[130] Vgl. ebd., S. 34.
[131] Vgl. ebd., S. 36.
[132] Vgl. ebd., S. 36.
[133] Vgl. ebd., S. 37.
[134] Dörner (2005), S. 154.
[135] Winter (1996), S. 215.
[136] Schnyder, zitiert aus: Lasogga & Gasch (2008a), S. 53f.
[137] Bengel et al. (1998), S. 9.
[138] Vgl. Lippke & Renneberg (2006), S. 9ff. oder Waller (2006), S. 23f.
[139] Vgl. Antonovsky & Franke (1997), S. 25.
[140] Vgl. Lippke & Renneberg (2006), S. 9.

3 Psychosoziale Unterstützung in der peritraumatischen Phase

Bevor die menschlichen Ressourcen beschrieben werden, soll in diesem Kapitel zunächst auf die Situation von Menschen eingegangen werden, die gerade eine psychische Traumatisierung erlebt haben. Dabei wird herausgearbeitet, welche besondere Rolle der sozialen Unterstützung zukommt.

3.1 Die Bedeutung der peritraumatischen Phase

3.1.1 Definition „peritraumatische Phase"

Der Begriff „peritraumatisch" kommt aus dem Altgriechischen. „Peri" (περί) bedeutet „ringsum", „herum", „um … herum". „Trauma" (τραῦμα) heißt übersetzt soviel wie „Verletzung", „Wunde", „Verwundung". Mit „peritraumatischer Phase" ist also jener Zeitraum gemeint, der „um das Trauma herum" ist. Sie beginnt demnach in der Regel mit dem Eintreten des traumatischen Ereignisses oder wenige Minuten danach[1] und wird derzeit in der Fachliteratur bei alltagsnahen Geschehnissen (wie etwa plötzlicher, unerwarteter Todesfall, etc.) auf wenige Stunden begrenzt. Bei größeren Schadenslagen (wie etwa Katastrophen) kann die peritraumatische Phase auch über mehrere Tage andauern[2].

Interessant ist, dass der Begriff zwar in der Literatur durchaus verwendet wird, meist aber finden sich keine weiteren Versuche, den Begriff näher zu umschreiben. Während im Lehrbuch „Notfallpsychologie" von Lasogga (2008) der Begriff überhaupt nicht definiert wird, geben Krüsmann und Müller-Cyran den oben genannten Hinweis über die Dauer der peritraumatischen Phase von wenigen Stunden, ohne aber eine weitere Diskussion über den Begriff anzustoßen. Diskussionswürdig wäre jedenfalls die Frage nach der Dauer der peritraumatischen Phase, da durchaus einige Aspekte zu hinterfragen wären: Woran ist überhaupt die Dauer festzumachen und gibt es Ereignisse, die die peritraumatische Phase beenden und eine neue Phase einleiten? Endet die peritraumatische Phase tatsächlich nach wenigen Stunden oder kann sie auch länger andauern, beispielsweise bei einem Todesfall vielleicht bis zur Bestattung? All das sind Fragen, die noch ungeklärt sind; die Psychotraumatologie sollte jedoch eine Antwort finden, zumindest aber eine Diskussion anregen, um durch eine Klärung der Begrifflichkeit eine weitere Auseinandersetzung mit dieser Phase der Traumatisierung zu unterstützen.

3.1.2 Die Situation des Betroffenen in der peritraumatischen Phase

Zu wissen, wie Betroffene reagieren und fühlen, ist die Grundlage dafür, sich auf Menschen einzulassen, nachdem diese traumatisierenden Ereignissen ausgesetzt waren. Dabei ist es sinnvoll, die psychologischen Grundbedürfnisse in den Blick zu nehmen, denn „Bedürfnisse sind innere Bedingungen menschlicher Tätigkeit und damit Bedingungen von Verhalten, Denken und Fühlen."[3]
Ein wichtiges Bedürfnis hierbei ist das *Bedürfnis nach Kontrolle* über die eigenen Lebensumstände[4]. Ein traumatisierendes Ereignis kann die Realisierung des Kontrollbedürfnisses stark einschränken. Nach einem tödlichen Personenunfall im Gleisbereich ist das Gefühl der Kontrolle des Zugführers nicht nur strukturell außer Kraft gesetzt, weil unmittelbar nach dem Ereignis die Notfallstrukturen greifen und damit in der Regel ein Herauslösen des Zugführers aus der Situation verbunden ist – was auch die Möglichkeiten seines Handelns einschränkt. Auch individuell kann durch ein solches Ereignis das Kontrollgefühl eingeschränkt werden, denn gerade ein Zugführer hat nicht die Möglichkeit, einer Person auf den Schienen auszuweichen und selten die Chance, den Zug rechtzeitig zum Stehen zu bringen. Dieses fehlende Gefühl der Kontrolle wird in der Regel als negativ und belastend erlebt und kann zu einem psychischen Erlähmen führen, oder aber dazu, dass der Betroffene durch Tätigkeiten irgendwelcher Art versucht, mehr oder weniger erfolgreich dieses Gefühl der Kontrolle wiederherzustellen und aufrecht zu erhalten.
Auch das *Bedürfnis nach Informationen* spielt eine wichtige Rolle, sodass Informationssuche eine „grundlegende Bewältigungsform in bedrohlichen Situationen"[5] ist. Durch Informationen können Ungewissheiten, die durchaus hohes belastendes Potential haben,

abgebaut werden, Informationen können das Gefühl von Kontrollierbarkeit unterstützen und so Stress und Angst abbauen. Gerade in Situationen, in denen es um Leben und Tod eines nahestehenden Angehörigen geht, ist Unkenntnis über den Gesundheitszustand des Patienten sowie über notwendige medizinische Maßnahmen belastend, da der Angehörige nicht in der Lage ist, das, was er sieht (etwa eine Reanimation) kognitiv einzuordnen; Informationen über die Situation und die angewandten Maßnahmen tragen zum Begreifen bei, was gerade geschieht.

Manchmal kommt zu einem traumatischen Ereignis noch das Gefühl hinzu, von den Mitmenschen eher gemieden zu werden. Und tatsächlich: ein plötzlicher Tod, vielleicht auch noch der eines Kindes, kann nicht nur bei den Eltern Hilf- und Ratlosigkeit hervorrufen, sondern auch bei den Mitmenschen. Folge kann sein, dass Mitmenschen den Betroffenen aus dem Weg gehen, um Peinlichkeiten zu vermeiden. Dies widerspricht dem *Bedürfnis nach sozialer Integration*[6], das dem Menschen als soziales Wesen immanent ist. In die Erfahrung der eigenen Hilflosigkeit hinein zu erleben, dass man dennoch vom sozialen Netz getragen wird, kann dagegen eine große Erleichterung sein.

3.1.3 Soziale Unterstützung in der peritraumatischen Phase

Wenn man einer Krise zugesteht, dass sie nicht nur katastrophales Ereignis, sondern ein Wendepunkt ist, von dem aus sich ein weiterer (günstiger oder ungünstiger) Verlauf des Lebens entwickelt, stellt sich die Frage, wie denn Einfluss auf diesen Punkt genommen werden kann. Oder anders gefragt: Was bietet Menschen nach dem Erleben einer Krise jene Unterstützung, die den Weg dahin gehend ebnet, dass an der erlebten Krise ein Wachstum möglich ist? Denn „[g]erade die Erkenntnis der Offenheit des Ausganges einer Krise ist *die Grundlage* für den Hilfeansatz."[7]

Wie die Fallbeispiele am Anfang dieses Kapitels deutlich machen, fallen die meisten Menschen nach dem Erleben eines traumatischen Ereignisses „in eine Art Schockzustand, sie verlieren den Boden unter den Füßen, geraten außer sich oder erstarren."[8] Bewältigungs- und Handlungsmöglichkeiten, die bei „gewöhnlichem

Stress" ausreichen, um die Stresssituation zu überstehen, stoßen an ihre Grenzen. Ist der Betroffene nicht mehr selbst in der Lage zu handeln, so ist es hilfreich, wenn das Umfeld – Verwandte, aber auch bisher unbekannte Personen – Unterstützung bietet bei der Bewältigung dieser Überforderung. Auch wenn sich der Mensch in Krisensituationen in besonderer Weise auf sich alleine gestellt sehen mag, so ist davon auszugehen, „dass es menschliche Krisenerfahrungen gibt, die vor allem durch eine adäquate mitmenschliche Hilfestellung besser bewältigt werden können."[9]

Damit ist eine erste Ressource angesprochen, nämlich die soziale Unterstützung. Sie „umfasst alle Formen von Hilfe, die einer Person durch Beziehung zu und Kontakt mit ihrer Umwelt zugänglich sind."[10] Sie kann wie ein Puffer gegen die Überlastungen wirken und dem Betroffenen wieder zur Stabilität verhelfen. Am besten kann diese Hilfe in der Regel von Angehörigen und Freunden des Betroffenen geleistet werden, wenn sie aufgrund eigener Betroffenheit nicht selbst nur bedingt handlungsfähig sind.

Von besonderer Wichtigkeit kann soziale Unterstützung in der peritraumatischen Phase sein. Denn manchmal können traumatisierte Menschen in dieser Phase handlungsunfähig sein. Ein Unglück ist über sie hereingebrochen, und auch nachdem das traumatische Ereignis objektiv beendet ist, kann es Betroffene lähmen. Es kann sein, dass sie weder in der Lage sind, einen klaren Gedanken zu fassen, noch sinnvoll zu handeln. In dieser passiven und schutzbedürftigen Zeit bedarf es Menschen, die dem Betroffenen zur Seite stehen, ihm Sicherheit vermitteln, notfalls für ihn und in seinem Sinne handeln und ihn schützen, bis sich langsam wieder Handlungsfähigkeit einstellt (vgl. auch Kapitel 3.1.2).

Ebenso kann es sein, dass Menschen unmittelbar nach einem traumatischen Ereignis um Worte ringen, um das Unfassbare auszusprechen. Dies ist hilfreich, denn was in Worte gefasst werden kann ist schon weniger un-*fass*-bar als die Teile eines Ereignisses, für die keine Worte gefunden werden können. Das Erzählen dessen, was einem widerfahren ist, hat in der Traumaverarbeitung eine wichtige Rolle. Erzählen ist aber nur schwer möglich, wenn niemand da ist, der dem Erzählenden zuhört und das Erzählen fördert. Auch in dieser Hinsicht ist es also wichtig, mit anderen Menschen in Kontakt zu sein.

Die Folgen eines belastenden Ereignisses, beispielsweise das Sterben eines Angehörigen, können den Betroffenen auch deswegen unter Druck setzen, weil er vor Aufgaben gestellt wird, die er noch nie zu lösen hatte. Dies können durchaus auch Aufgaben praktischer Natur sein. Wie bestellt man einen Bestattungsdienst und was muss bis zur Beerdigung alles erledigt werden? Auch hier schafft ein soziales Netz, das unterstützend zur Seite steht, Entlastung.

In Situationen, in denen der Betroffene von seinem sozialen Netz nicht ausreichend unterstützt wird, oder aber die Belastungen auch das Umfeld stark überfordern, ist geschult-professionelle Hilfe indiziert[11], und diese ist möglichst bald nach dem traumatischen Ereignis zu leisten.

Damit ist die Ressource der sozialen Unterstützung in zwei Bereiche geteilt, nämlich in den Bereich der sozialen Unterstützung aus dem Umfeld der Betroffenen (hier leisten vor allem Ehe- und Lebenspartner, Familie, Angehörige, Freunde, Kollegen usw. eine wichtige Rolle[12]) und in den Bereich der professionellen Hilfe für Betroffene.

3.2 Professionelle Unterstützungssysteme im Rettungswesen

3.2.1 Psychosoziale Notfallversorgung (PSNV)

Diese professionelle Hilfe rückt in den letzten Jahren und Jahrzehnten verstärkt in das Blickfeld der wissenschaftlichen Untersuchungen und praktischen Bemühungen. Ereignisse in Deutschland und der Welt wie Unglücksfälle, Katastrophen, aber auch terroristische und kriminelle Anschläge (so etwa das ICE-Unglück in Eschede (1998), die Anschläge vom 11. September (2001), die Tsunami-Katastrophe in Südostasien (2004), der Einsturz der Eislaufhalle in Bad Reichenhall (2006) oder der Amoklauf in Winnenden (2009)), haben deutlich vor Augen geführt, dass eine medizinische und technische Hilfeleistung keineswegs ausreichend ist, sondern dass diese Hilfen „um psychosoziale Versorgungsangebote zu erweitern"[13] sind. Diese psychosoziale Versorgung ist allerdings nicht nur bei Großschadensereignissen[14] sinnvoll, sondern allgemein bei belastenden Notfällen, ganz unabhängig von der Anzahl der betroffenen Personen und Umfang der Verletzungen und des Schadens, denn „nur so wird Rettungsdienst und Notfallmedizin zu einer ganzheitlichen, professionellen Aufgabe, die alle Bedürfnisse und Erfordernisse in Not geratener Menschen erfüllt."[15]

Aufgrund dieser sich verändernden Tendenzen hat sich im Bereich des Rettungswesens die sogenannte *„Psychosoziale Notfallversorgung"* (PSNV) als Versorgungsstandard etabliert. Unter Psychosozialer Notfallversorgung werden „Gesamtstruktur und die Maßnahmen der Prävention sowie der kurz-, mittel- und langfristigen Versorgung im Kontext von belastenden Notfällen bzw. Einsatzsituationen"[16] zusammengefasst. Damit hat die PSNV zwei Zielgruppen im Blick: zum einen die Überlebenden eines Notfallereignisses, die Angehörigen von Verletzten und die Hinterbliebenen von Verstorbenen, aber auch Zeugen und Vermissende[17]; zum anderen Einsatzkräfte der Rettungsdienste, Feuerwehren und Polizeien, des Katastrophenschutzes, des Technischen Hilfswerkes (THW) und der Bundeswehr[18].

Ziel der PSNV ist es, bei Betroffenen sowie bei Einsatzkräften psychosoziale Belastungsfolgen zu verhindern oder zumindest frühzeitig zu erkennen, um gegebenenfalls Einzelpersonen oder auch Gruppen adäquate Unterstützung zur Erfahrungsverarbeitung zukommen zu lassen, sowie erlittene Traumafolgestörungen angemessen zu behandeln. Grundsätzlich werden die Maßnahmen der PSNV als „ergänzend oder substituierend im Fall des (zeitweise) Fehlens oder Versiegens"[19] der Bewältigungsmöglichkeiten der Betroffenen betrachtet.

Die PSNV-Maßnahmen für Betroffene[20] gliedern sich wiederum in drei Ebenen, die sich vor allem bezüglich der Zielgruppe, dem Zeitpunkt und der Dauer des Intervenierens, sowie der Zielsetzung unterscheiden[21]. Als Übersicht sind diese Maßnahmen in Tabelle 4 dargestellt.

Die erste und niederschwelligste Ebene ist die *psychische erste Hilfe*[22], angeboten von den Kräften, die am Ort des Notfallgeschehens im Einsatz sind. Grundlage sind Basiskompetenzen, die in den jeweiligen Ausbildungen (wie etwa zum Rettungsassistenten, Feuerwehrmann, Polizisten, etc.) integriert sein sollten. Kompetente Einsatzkräfte vor Ort sind insofern wichtig, da sie den Bedarf an weiterer psychosozialer Hilfe abschätzen und erkennen und gegebenenfalls ein Kriseninterventionsteam o. ä. hinzuziehen müssen, da Betroffene im peritraumatischen Intervall oftmals nicht in der Lage sind, zu entscheiden, ob sie von einer Betreuung im Rahmen der

PSNV profitieren würden. Für den Fall, dass eine psychosoziale Betreuung indiziert ist, müssen die Einsatzkräfte vor Ort verlässlich geschult sein, denn die „adäquate, psychotraumatologisch fundierte Beurteilung durch die Einsatzkräfte aus Rettungsdienst, Polizei und Feuerwehr setzt entsprechende Basiskenntnisse voraus."[23]

Über die psychische erste Hilfe hinausgehende Maßnahmen werden als *psychosoziale Hilfen* bezeichnet und umfassen „ein breites Spektrum methodisch-strukturierter und reflektierter sowie alltagsnaher Hilfen."[24] Sie sind die zweite Ebene der PSNV-Maßnahmen und lassen sich wiederum in zwei Unterebenen differenzieren. Sie unterscheiden sich dabei vor allem in Zeitpunkt und Dauer des Intervenierens.

Zum einen gibt es die *psychosozialen Akuthilfen*[25], die kurzfristig und ereignisnah, also peritraumatisch[26] geleistet werden. Bei den Intervenierenden handelt es sich um Mitarbeiter von Kriseninterventionsteams der Hilfsorganisationen oder anderer Anbieter, um Notfallpsychologen oder -seelsorger, u. ä. Dies sind (im Idealfall) erfahrene und feldkompetente Personen, die im Umgang mit traumatisierten Menschen eigens geschult und ausgebildet sind. „Sie sollten vor allem Sicherheit vermitteln, beruhigen, Orientierung geben, stützen, sich Zeit nehmen und zuhören, behutsam nachfragen, Probleme benennen, Ressourcen ansprechen, das soziale Netz aktivieren und auf Hinweise auf eventuelle psychische Störungen achten."[27] Die psychosozialen Akuthilfen haben sekundärpräventiven Charakter, das bedeutet, sie dienen der Verhinderung von Folgeschäden, nachdem schwere Belastungen sich bereits zugetragen haben[28].

		psychosoziale Hilfen		
	psychische Erste Hilfe	psychosoziale Akuthilfen	mittel-/ längerfristige psychosoziale Hilfen	heilkundliche Interventionen
Zielgruppe	Menschen, die ein traumatisches Ereignis erleben bzw. erlebt haben, das mit einem Einsatz von Polizei, Feuerwehr, Rettungsdienst etc. einhergeht	betroffene Opfer und Angehörige, die einer Weiterbetreuung in der peritraumatischen Phase bedürfen	Personen, die einer Stabilisierung oder Unterstützung auch in den Wochen nach dem Ereignis bedürfen	Personen mit anhaltender Traumabelastung
Interventionszeitpunkt nach belastendem Ereignis	noch während des Einsatzgeschehens	noch während des Einsatzgeschehens, max. einige Stunden danach	wenige Tage oder Wochen nach den initiierenden Ereignissen	günstigsten falls in zeitlicher Nähe zum Ereignis, u. U. aber auch erst Jahre danach
Intervenierende	Einsatzkräfte vor Ort	Notfallseelsorger/-psychologen, Mitarbeiter von Kriseninterventionsteams	Mitarbeiter von Beratungs- und Sozialstellen, Leiter von Selbsthilfegruppen, Sozialarbeiter, Seelsorger, etc.	Therapeuten, Ärzte, Psychiater

Dauer	kurzzeitig, maximal bis Einsatzende oder Übergabe an psychosoziale Akuthilfe	durchschnittlich einige Stunden, einmaliger Kontakt	solange wie nötig bzw. gewünscht	Wochen bis Monate, manchmal Jahre
Ziele	Dasein, Sicherheit bieten	Handlungsfähigkeit und Ressourcen aktivieren, Trauerprozess in Gang setzen, Unterstützung bei ersten organisatorischen Maßnahmen	Normalisierung, das Notfallerleben innerlich abschließen, wieder „Boden unter die Füße bekommen", Wiederaufnahme der täglichen Routine, Prävention von Folgestörungen	Aufarbeitung der Traumafolgen, Behandlung von PTBS und anderen Folgestörungen, Trauerbegleitung

Tabelle 4: PSNV-Maßnahmen für Betroffene im Vergleich
(verändert nach Hausmann (2003), S. 125)

Zum anderen werden aus verschiedenen Disziplinen und psychosozialen Hilfssystemen mittel- und längerfristige psychosoziale Hilfen angeboten. Dies sind z. B. psychosoziale Beratungsstellen, Sozial-, Gesundheits- und Versorgungsämter, Selbsthilfegruppen, Gemeindeseelsorge, usw. Sie können entweder ausschließlich angeboten werden oder therapeutische Maßnahmen ergänzen[29].
(Früh-)Interventionen stellen die dritte Ebene der PSNV-Maßnahmen dar. Hierunter werden „alle Maßnahmen der Feststellung, Linderung und Behandlung von psychischen Störungen mit Krankheitswert"[30] zusammengefasst, die von Personen angewandt werden, die heilkundlich qualifiziert oder approbiert sind (insbesondere von Ärzten, Psychiatern und Psychotherapeuten

aus psychotraumatologischen relevanten Schwerpunktdiszipli-
nen).

An den beschriebenen Formen der Unterstützung leisten verschieden geschulte und ausgebildete Helfer ihren Beitrag. Zusammenfassend kann man sagen, dass sich mit zunehmender
zeitlicher Distanz zum traumatischen Ereignis die Professionen
zunehmend differenzieren: Während in der peritraumatischen
Phase, in der es um die erste Stabilisierung, um das Dasein und
Zuhören geht, von verschiedenen Professionen und geschulten
Helfern, ein Stück weit sogar von „psychotraumatologischen Lai-
en"[31] Unterstützung geboten werden kann, ist im weiteren Verlauf
der Unterstützung eine Spezialisierung der Helfer notwendig. Eine
Depression sollte schließlich vom Psychiater oder Psychotherapeuten behandelt werden, der gegebenenfalls eine medikamentö-
se Therapie einleiten kann, und nicht etwa vom Seelsorger (wobei
ein interdisziplinäres Zusammenarbeiten mehrerer Professionen
in den meisten Fällen hilfreich sein wird).

3.2.2 Ziele professioneller Krisenintervention

In den letzten Jahrzehnten ist der Ruf nach einem ganzheitliche-
ren Handeln im Rettungsdienst lauter geworden. Der Notfallpati-
ent sollte aus der Rolle des „Objekts der Notfallmedizin", in die er
durch die Weiterentwicklung der medizinischen Möglichkeiten hi-
neingeraten war, befreit werden[32]. Schließlich ist der Mensch ist
nicht nur eine „Ansammlung von Organen"[33], sondern hat auch
eine Psyche, die in permanenter und unmittelbarer Wechselwirkung mit dem Körper steht. So bezieht sich ein Notfall niemals alleine auf den Körper, sondern auch immer auf die Psyche des
Menschen[34].

Fachartikel sowie die Errichtung von regionalen Kriseninterventionsteams und Arbeitskreise auch auf Bundesebene zeigen, dass
dieser Ruf nach Ganzheitlichkeit durchaus auch praktische Konsequenzen nach sich zog. Dennoch liegen derzeit kaum aussage-
fähige Daten über die Zufriedenheit von Personen, die durch Kriseninterventionsteams betreut wurden vor, ebenso wenig wie ver-
gleichende Interventionsstudien über die Effektivität von Krisenin-

tervention[35]. Aussagen über Sinnhaftigkeit und Notwendigkeit psychologischer Dienste, die in der peritraumatischen Phase zum Einsatz kommen, haben also durchaus den Charakter der Vorläufigkeit[36].

Kennzeichen der Krisenintervention im Rettungsdienst ist, dass sich der Psychosoziale Notfallhelfer „zum Betroffenen in das traumatogene Ereignis begibt (Geh-Struktur)"[37], das bedeutet, dass in der Regel eine zeitliche und örtliche Nähe zum traumatisierenden Ereignis vorhanden ist. Damit nutzt die Krisenintervention die Bereitschaft, Hilfe anzunehmen, die in der peritraumatischen Phase größer ist als in einem späteren Zeitraum. Zudem gilt rasche Hilfe als ein Schutzfaktor, der das Risiko einer PTBS verringert[38].

Krisenintervention, die salutogenetisch ausgerichtet ist[39], kann aber keineswegs nur das Ziel haben, psychische Erkrankungen zu verhindern. Ebenso von Bedeutung ist es beispielsweise, den Betroffenen emotional zu stabilisieren und ihn darin zu unterstützen, die erlebte Situation zu strukturieren sowie seine Handlungsfähigkeit wiederherzustellen. Krisenintervention stellt dabei den Betroffenen in den Mittelpunkt. Es geht nicht darum, durch direktive Anweisungen den Betroffenen auf einen Weg zu führen, der nach psychotraumatologischen Gesichtspunkten am sinnvollsten scheint, sondern darum, die traumatisierte Person in den ersten Stunden zu begleiten und durch Empathie und Zuwendung zusammen mit dem Klienten den weiteren Weg zu suchen. Richtungsweisenden Einfluss sollte der Mitarbeiter der Krisenintervention nur nehmen, um die Gefahr von „krankhaften Folgen einer psychischen Traumatisierung"[40] einzugrenzen sowie um erste Verarbeitungsprozesse zu ermöglichen.

Krisenintervention bei traumatischen Krisen richtet sich dabei nach bestimmten Prinzipien. Zunächst setzt sie – wie bereits beschrieben – rasch nach dem traumatischen Ereignis an. „Durch eine sofortige Unterstützung werden hier die Auswirkungen der Trias Angst, Ohnmacht und Ausgeliefertsein deutlich reduziert."[41] Dies kann zu einer hilfreicheren Bewertung des traumatischen Ereignisses führen, als dies unter fortbestehender Angst und Ohnmacht der Fall wäre. Zudem sind Betroffene im peritraumatischen

Zeitraum „Eindrücken ausgesetzt und in Vorgänge involviert, die maßgeblich den Modus der Bewältigung und die Möglichkeiten, das traumatogene Ereignis zu integrieren, bestimmen."[42] Krisenintervention ist gekennzeichnet durch eine „parteiliche, stützend-entlastende und ressourcenorientierte Unterstützung"[43]. Gerade wenn belastende Situationen die Handlungsfähigkeit des Betroffenen einschränken, kann es notwendig sein, sich für den Betroffenen einzusetzen und ihn langsam zur eigenen Handlungsfähigkeit zurückführen. Auch geht es darum, „dass jemand zur Verfügung steht, der die Erfahrung ermöglicht, nicht allein zu sein, die eigene Hilf- und Sprachlosigkeit aushält und der zum Zuhörer erster Versuche wird, das Ereignis ins Wort zu bringen"[44].

Während bei Veränderungskrisen, also Krisen, die weniger plötzlich auftauchen, sondern sich meistens langsam aufbauen und oftmals das Ende eines Lebensabschnittes markieren (z. B. Pubertät), sowie im therapeutischen Setting auch provozierende Methoden eingesetzt werden können, ist dies in der Krisenintervention bei traumatischen Krisen kontraindiziert, da sie das erlittene Trauma wachhalten bzw. wieder wachrufen. Ziel der Krisenintervention ist es aber, zunächst wieder ein Gefühl von Sicherheit und Stabilität zu vermitteln.

Zentral ist auch, dass Krisenintervention nicht beabsichtigt, anderweitige Konflikte zu fokussieren als jene, die durch das traumatische Ereignis initiiert worden sind. Begegnet der Psychosoziale Notfallhelfer im Rahmen eines Todesfalles im häuslichen Bereich zum Beispiel einer heftig zerstrittenen Familie, so wird er keineswegs sich zur Aufgabe zu machen, die Familienverhältnisse zu klären. Diese Umstände werden zwar die Intervention prägen und verglichen mit der Betreuung einer „intakten" Familie werden andere Maßnahmen erforderlich sein. Mittelpunkt der Betreuung ist aber auch hier das Bestreben, handlungsunfähige Betroffene zu stabilisieren und wieder zum Handeln zu befähigen und erste Impulse zur Verarbeitung des Verlustes zu initiieren.

Da Krisenintervention in der peritraumatischen Phase ein zeitlich begrenztes Intervenieren bedeutet[45], ist es ein Ziel des Psychosozialen Notfallhelfers, nicht nur den Betroffenen zu stabilisieren, sondern auch dessen Umfeld durch Informieren und Aufklären so auf die Situation einzustellen, dass dieses durch die Intervention gestärkt wird und somit dem Betroffenen Halt und Stabilität vermitteln kann[46].

Ein weiteres wichtiges Prinzip der Krisenintervention nach traumatischen Ereignissen ist der Verweis an psychosoziale Einrichtungen, die kompetente und spezialisierte Hilfe auch in den Wochen und Monaten, selbst auch Jahre nach dem Erleiden einer psychischen Traumatisierung bieten.

Beendet sollte die Intervention dann werden, wenn ihre Notwendigkeit entfällt. Wenn es gelungen ist, den Betroffenen wieder handlungsfähig zu machen, ihn emotional zu stabilisieren, wenn das soziale Netz aktiviert sowie auf passende Angebote der weiteren Hilfe aufmerksam gemacht wurde und die nächsten anstehenden Schritte angesprochen wurden, ist in der Regel das, was der Psychosoziale Notfallhelfer als Hilfe anbieten kann, geschehen; den Betroffenen weiter zu betreuen, würde dann den Grundprinzipien der Krisenintervention widersprechen. „Sobald der Betroffene und seine Angehörigen in der Lage sind, selbst die anstehenden Probleme zu bewältigen, ziehen sich die professionellen Helfer zurück."[47]

Nicht alle Menschen entwickeln nach einer belastenden Erfahrung eine psychische Erkrankung; vielmehr können Statistiken sogar nachweisen, dass Betroffene in der Regel auch ohne professionelle Hilfe schlimme Ereignisse in ihr Leben integrieren können. „Allerdings wäre es mehr als fragwürdig, mit psychotherapeutischen Hilfsangeboten abzuwarten, bis sich ausgeprägte Störungen manifestieren."[48] In diesem Sinne möchte Krisenintervention als eine Form sozialer Unterstützung Betroffenen helfen, „die Situation gemäß ihren Bedingungen bestmöglich zu gestalten."[49]

Bei aller Diskussion darüber, ob eine peritraumatische Intervention sinnvoll oder ob sie möglicherweise sogar kontraproduktiv ist, zeigt die Praxis, dass eine Betreuung, die auf den oben beschriebenen Grundsätzen beruht, von vielen Menschen als hilfreich betrachtet wird. „Die Erfahrung, dass in schweren Stunden des Lebens eine Person da ist, wird von vielen Menschen als nachhaltig positiv empfunden."[50]

3.2.3 Das KIT[51] München als Beispiel einer PSNV-Einrichtung

Gegenstand dieses Buches ist der Bereich der psychosozialen Akuthilfe für Betroffene, wie sie unter anderem von sogenannten Kriseninterventionsdiensten[52] angeboten wird. Um die Sinnhaftigkeit eines solchen Krisendienstes zu verdeutlichen und dessen Grundsätze und Einsatzindikationen darzustellen, wird im Folgenden das Kriseninterventionsteam des Arbeiter-Samariter-Bundes München vorgestellt. Lasogga beschreibt es als bekannt und renommiert[53] und erfüllt meiner Meinung nach wichtige Kriterien und Qualitätstandards in einem derzeit noch unübersichtlichen Feld von Kriseninterventionsteams und Kriseninterventionsdiensten[54]. Es soll als ein Beispiel psychosozialer Dienste dienen, das mittlerweile breite Erfahrungen in der Betreuung von psychisch Traumatisierten gesammelt hat.

Gegründet wurde das Kriseninterventionsteam München im März 1994. Unter dem Dach des Arbeiter-Samariter-Bundes können seitdem über die Grenzen der Organisation hinweg auch Mitarbeiter anderer Hilfsorganisationen und der Feuerwehr bei der Krisenintervention mitarbeiten. „Hier arbeiten das erste Mal alle an einer bestimmten Aufgabe Interessierten über die Grenzen der Hilfsorganisationen hinaus kontinuierlich zusammen. Dies wird von allen Beteiligten als außergewöhnlich positiv und bereichernd erlebt."[55]

Alle 46 ehrenamtlichen Mitarbeiter (38 Männer und 8 Frauen[56]) können mindestens fünf Jahre Einsatzerfahrung in Rettungsdienst bzw. Feuerwehr nachweisen sowie eine Ausbildung als Rettungsassistent oder –sanitäter (für Angehörige der Feuerwehr reicht die Ausbildung zum Rettungsdiensthelfer)[57].Praktische Einsatzerfahrungen im Bereich Rettungsdienst und Feuerwehr haben verschiedene Vorteile, sind aber darüber hinaus auch notwendig, um eine effektive und qualitativ gute Krisenintervention im Rettungsdienst garantieren zu können. Dies ist insofern unerlässlich, da sich ein Mitarbeiter des KIT auch in Notfallsituationen zurecht finden muss. „Es sollte bereits eine mehrjährige Erfahrung im Rettungsdienst in der Hinsicht vorhanden sein, dass dem (...) KIT-Mitarbeiter der Schrecken einer Reanimation, der Umgang mit dem Tod sowie der rettungsdienstliche Alltag bekannt sind. Sonst wäre es sehr schwierig, mit Funkverkehr, Blaulicht, Martinshorn, anderen Einsatzkräften und der eigenen Betroffenheit zurechtzukommen."[58]

Zu dieser rettungsdienstlichen „Feldkompetenz" gehören verschiedene Aspekte. Ein Mitarbeiter der Krisenintervention muss wissen, wie er sich am Einsatzort zu verhalten hat, welche Kompetenzen ihm zustehen (z. B. das Betreten von abgesperrten Bereichen, das Sammeln von Informationen über Verletzte etc.) und wo seine Tätigkeit von anderen beschränkt werden kann (z. B. wenn das Betreten des Notfallortes der polizeilichen Ermittlungsarbeit entgegen steht). Nur wer im Gefüge der Einsatzkräfte vor Ort seinen Platz und seine Aufgaben kennt, kann in einer ansonsten meist unübersichtlichen Notfallsituation einen Beitrag leisten, der für Betroffene wie Einsatzkräfte eine Unterstützung und Hilfe, und nicht etwa eine zusätzliche Schadensquelle ist.

Zudem muss ein KIT-Mitarbeiter medizinische Fachkenntnisse haben. Nicht nur, um Angehörige darüber informieren zu können, warum bestimmte medizinische Maßnahmen bei einem Notfallpatienten notwendig sind, sondern auch, um gegebenenfalls erkennen und handeln zu können, wenn sich bei einem Anwesenden (z. B. Angehöriger, Augenzeuge, etc.) in einer Betreuung der Gesundheitszustand in bedenklicher Weise verschlechtert.

Nach einer schriftlichen Bewerbung und dem erfolgreich absolvierten Bewerbungsgespräch folgt für Interessenten an der Mitarbeit im KIT München ein 80stündiger Ausbildungskurs, der theoretisch, aber auch praktisch auf die Arbeit im Team vorbereitet[59].

Nach bestandener theoretischer Ausbildung beginnt dann die praktische Phase, die mindestens ein Jahr dauert. Hierbei geht es darum, zunächst erfahrene Kollegen (sogenannte Praxisanleiter) bei deren Einsätzen zu begleiten, um nach und nach erst einzelne Teile der Betreuung, dann aber auch ganze Betreuungen selbständig durchzuführen. Sind gewisse Einsatzerfahrungen gesammelt, mit dem Praxisanleiter reflektiert und haben sowohl der Praktikant selbst als auch sein Praxisanleiter den Eindruck, dass das Praktikum erfolgreich abgeschlossen werden kann, erfolgt das Prüfungsgespräch, mit dem das Praktikum endet.

Ein wesentliches Element in der Krisenintervention im Rettungsdienst ist der Schutz der Mitarbeiter. Nicht nur bezüglich Akquirie-
rung und Ausbildung neuer Mitarbeiter muss sorgfältig gearbeitet
werden, sondern auch die Betreuung der Mitarbeiter im Einsatz-
dienst muss gewährleistet sein. „Der Schutz der KIT-Mitarbeiter
hat auch Einfluss auf die Qualität der Betreuung. Nur wenn es
dem Mitarbeiter gut geht, kann dieser auch gut betreuen."[60] Dazu
gehören regelmäßige Supervisionsangebote, Fortbildungen zu
KIT-relevanten Themen, der enge Kontakt zwischen den Mitarbeitern und der Leitung des KIT, die Sorge um den Zusammenhalt im
Team, etc.

Das KIT München ist an 365 Tagen im Jahr rund um die Uhr
einsatzbereit und auf verschiedene Einsatzbilder vorbereitet. Im
Jahr 2012 kam es insgesamt zu 938 Einsätzen. Häufigster Alarmierungsgrund ist derzeit der in der Einsatzstatistik sogenannte
„Plötzliche Tod mit vermutlich natürlicher Ursache", zweithäufigs-
ter Alarmierungsgrund ist die Betreuung von Menschen, nachdem
eine Person aus deren Umfeld Suizid oder einen Suizidversuch
begangen hat. Weitere Einsatzanlässe sind die Überbringung einer Todesnachricht in Zusammenarbeit mit der Polizei, Betreuung
von Zugführern nach Unfall oder Suizid im Gleisbereich, Betreuung von Menschen nach Gewalterfahrung oder von Augenzeugen
eines Unfalls und andere mehr. Tabelle 5 gibt einen Überblick auf
die Einsatzstatistik des Jahres 2012.

Kontraindiziert ist ein Einsatz des KIT München dann, wenn die zu
betreuende Person unter Alkohol-, Medikamenten- oder Drogen-
einfluss steht, oder wenn eine psychiatrische Behandlung notwendig ist.

Angefordert wird das KIT nur von Einsatzkräften bei aktuell laufenden Einsätzen im Rettungsdienstbereich München. Erkennen
die Einsatzkräfte vor Ort – also in der Regel Rettungsdienst, Notarzt, Polizei oder Feuerwehr – eine Notwendigkeit, Hinterbliebene,
Angehörige, Augenzeugen etc. zu betreuen, so wird das Kriseninterventionsteam über die Integrierte Rettungsleitstelle der Berufs-
feuerwehr München per Funkmelder alarmiert. Telefonisch werden von der Leitstelle dann die einsatzrelevanten Daten an den

diensthabenden KIT-Mitarbeiter übermittelt, sodass innerhalb weniger Minuten das KIT zum Einsatz ausrücken kann. Hierfür steht ein Einsatzfahrzeug mit Sondersignalanlage zur Verfügung, das es ermöglicht, dass das KIT gegebenenfalls zügig zum Einsatzort fahren kann – etwa bei schweren Unfällen und Suiziden im öffentlichen Bereich, ebenso aber auch bei Einsätzen mit hoher Dring-

Einsatzindikation	Anzahl	Einsatzindikation	Anzahl
Plötzlicher Tod vermutlich natürlicher Ursache	375	Geiselnahme	1
Primär erfolgreiche Reanimation	60	Überfall, Raub ohne Geiselnahme	7
Zu erwartender Tod nach Krankheit	30	Tötungsdelikt	22
Verkehrsunfall mit Verletzten und Toten	79	Arbeitsunfall mit Schwerverletzten/ Toten	9
Suizid	172	Freizeitunfall mit Schwerverletzten/ Toten	39
Personenunfall Stadtwerke und Deutsche Bahn/ BOB	117	Tod durch Drogen	13
Gewalttätigkeit	7	Sonstiges (z. B. Evakuierungen)	60
Sexuelle Gewalt/ Vergewaltigung	7	Fehleinsätze/ Abbestellungen	64
Gesamtzahl der Einsätze	938	Gesamtzahl betreuter Personen	2848

Tabelle 5: Einsatzstatistik des KIT München für das Jahr 2012 (Quelle: Krisenintervention im Rettungsdienst des Arbeiter-Samariter-Bund München)

lichkeit, wie etwa bei einer laufenden Reanimation im häuslichen Bereich. Am Einsatzort gilt es zunächst, sich einen Überblick zu verschaffen: Was ist passiert, welcher Betreuungsbedarf herrscht vor, kann dieser durch eine Person abgedeckt werden oder müssen weitere Kräfte hinzugezogen werden[61], usw. Durch die Rettungsdienstuniform, die der diensthabende KIT-Mitarbeiter trägt, ist er für die anderen Kräfte vor Ort als ein Mitarbeiter des Rettungsdienstes erkennbar, sodass er sich, soweit es die Rettungsmaßnahmen und polizeilichen Untersuchungen nicht stört, frei am Einsatzort bewegen kann.

Bei der Arbeit des KIT München handelt es sich um professionelle, nicht-psychologische Hilfe. Sie wird innerhalb der ersten Stunden nach einem belastenden Ereignis geleistet. Schon deswegen handelt es sich dabei um keine psychotherapeutischen Maßnahmen, da diese dadurch gekennzeichnet sind, dass sie „auf die Diagnostik und Behandlung von manifesten psychischen Folgestörungen"[62] abzielen; in der Notfallsituation und in der peritraumatischen Phase kann aber auf keinen Fall sicher vorausgesagt werden, ob sich eine solche manifeste Störung bilden wird.

3.2.4 ... und das Leben weitergeht

Fortsetzung Fallbeispiel 1:
Als es an der Tür klingelt, sitzt die alte Dame bereits in ihrem Rollstuhl im Wohnzimmer, neben ihr das Ehepaar aus der Nachbarschaft, das die Hilferufe gehört hatte. Zu den vielen fremden Menschen, die sich ohnehin schon in der Wohnung befinden, kommt ein weiterer Unbekannter dazu. Erst unterhält er sich mit dem Notarzt, dann wendet er sich der alten Frau zu und stellt sich ihr vor. „Ich habe Zeit für Sie", sagt er. „Ich möchte Ihnen helfen, zu schauen, wie es denn nun weitergehen kann." Der Mitarbeiter des Kriseninterventionsdienstes ist neben den Nachbarn der erste, der sich voll und ganz der alten Frau zuwendet. Er hört ihr zu, als sie davon berichtet, was passiert war, und er hält das Schweigen mit ihr aus, als ihr die Worte fehlen. Gemeinsam versuchen sie, das, was so unbeschreiblich ist, in Worte zu fassen. Dann fragt der Krisenhelfer, ob sie sich von ihrer Tochter nochmals verabschieden wolle. Zusammen gehen die beiden zum toten Körper, der noch immer vor dem Bett liegt. Zunächst weiß die Mutter nicht, wie sie ihrer Tochter begegnen soll. Ermutigt vom Krisenhelfer berührt sie das Gesicht der Toten. Tränen rinnen ihr über

die Backen. Die eigene Tochter tot vor sich zu sehen, tut weh. Aber es hilft. Es hilft, zu begreifen...

Nach dem der Mitarbeiter des KIT mit der alten Frau besprochen hat, was in den nächsten Tagen zu organisieren ist und wie sie mit der bedrückenden Traurigkeit umgehen kann, verabschiedet er sich von der Frau. Er weiß, dass sie in den Händen der Nachbarn gut aufgehoben ist.

Fortsetzung Fallbeispiel 2:
Mittlerweile ist ein Mitarbeiter der Krisenintervention eingetroffen. Nachdem die Polizei ihn darüber informiert hat, was in der Nacht passiert war, begegnet er zum ersten Mal der jungen Frau, die vergewaltigt worden ist. Anders als die Polizei, die darauf bedacht ist, so bald wie möglich mit dem Opfer in die Gerichtsmedizin zu fahren, damit keine Spuren verloren gehen, nimmt er sich die Zeit, zuzuhören. Dass sie einfach ihre Ruhe haben will und schlafen, um alles zu vergessen, wiederholt die junge Frau immer wieder. Der Mitarbeiter des KIT hat den Eindruck, nun vermitteln zu müssen. Vermitteln zwischen zwei Interessen, die beide ihre Berechtigung haben, sich aber momentan genau entgegenstehen: Die Polizei, deren Aufgabe es ist, den Täter zu finden, auch um andere vor ihm zu schützen, und das Opfer, das noch gar nicht begreifen kann, was passiert ist und einfach nur zur Ruhe kommen will. Die Bemühungen der Polizei sind gut gemeint und vielleicht sogar langfristig gesehen hilfreich für das Opfer. Im Moment aber tragen die Polizisten dazu bei, dass die junge Frau nicht mehr aus dem Gefühl heraus kommt, dass andere es sind, die über sie bestimmen: Vor einigen Stunden der Vergewaltiger, jetzt die Polizei...

Im Nebenraum handelt der Mitarbeiter des KIT mit der Polizei aus, dass er der Frau das Angebot machen kann, (immerhin) eine halbe Stunde Zeit zu bekommen, um begreifen zu können, was passiert ist, verbunden mit der Bitte, danach zur Rechtsmedizin mit zu kommen. Die Frau willigt ein. Es beginnen dreißig Minuten, die sehr wichtig sind. Langsam realisiert die Frau, was geschehen war. Sie versteht nach und nach, warum ihr Freund die Polizei eingeschaltet hat. Und sie kann sogar wieder seine Nähe zulassen. Schließlich ist sie auch bereit, mit den Polizisten zur Gerichtsmedizin zu gehen.

Fortsetzung Fallbeispiel 3:
Nach einiger Zeit verabschieden sich die beiden Polizisten. Der Mann in der roten Uniform bleibt und kommt auf Annika zu. Er fragt, ob er sich neben sie setzen kann. Sie nickt, und er setzt sich neben die Couch auf den Boden. Nachdem sie beide eine Weile einfach schweigend da sitzen, sagt der KIT-Mitarbeiter: „Ein ganz komischer Abend heute, stimmt's?" Annika nickt. Nach und nach erzählt sie, wie sie die vergangenen Stunden erlebt hat. Der Briefumschlag, den sie nach der Rückkehr von ihrer Freundin in der Küche gefunden hat mit einem Brief von Daniel, ihrem älteren Bruder. Dass sie sich gewun-

dert hat, warum er einen Brief schreibt, einen Brief, dessen Worte sie gar nicht verstanden hat und ihr trotzdem klar war, dass er nichts Gutes zu bedeuten hatte. Deswegen hat sie gleich ihre Mutter angerufen, die sofort nach Hause gekommen ist und die Polizei alarmierte. Nach und nach begreift Annika, dass ihr Bruder tot ist. Sie erzählt davon, was sie mit ihrem Bruder alles erlebt hat, dass sie immer Spaß miteinander hatten. Bei manchen Geschichten muss Annika sogar lachen. Dann wird sie aber wieder ernst und sagt: „Das ist ja blöd, dass ich jetzt lache, wo mein Bruder doch tot ist." Im Gespräch mit dem KIT-Mitarbeiter geht es nun darum, wie das ist, wenn Menschen trauern. Und dass es da auch Erinnerungen geben kann, die einen zum Lachen bringen, und dass das so sein darf. Eine ganze Stunde unterhalten sich die beiden. Als der KITler sich langsam von Annika verabschiedet, sagt das Mädchen: „Jetzt, wo ich mit dir gesprochen habe, geht es mir schon wieder besser."

[1] Vgl. Müller-Cyran (2006), S. 6.
[2] Vgl. Krüsmann & Müller-Cyran (2005), S. 90f.
[3] Remke (1997), S. 54.
[4] Vgl. ebd., S. 55.
[5] Ebd., S. 56.
[6] Vgl. ebd., S. 56f.
[7] Roth (2008), S. 35.
[8] Krüsmann & Müller-Cyran (2005), S. 85.
[9] Roth (2008), S. 2.
[10] Hausmann (2006), S. 78.
[11] Vgl. ebd., S. 79.
[12] Vgl. ders. (2003), S. 126.
[13] Helmerichs & Blank (2008), S. 1.
[14] Ein (rettungsdienstliches) Großschadensereignis ist dadurch charakterisiert, dass aufgrund einer hohen Anzahl an Verletzten die örtlichen Rettungskräfte nicht ausreichen, um die Situation zu bewältigen (Adams et al. (2007), S. 200).
[15] Fertig (1997), S. 130.
[16] Helmerichs & Blank (2008), S. 6.
[17] Diese Personen(-gruppen) werden in dieser Arbeit in der Regel als „Betroffene" bezeichnet.
[18] Vgl. ebd., S. 7.
[19] Ebd., S. 7.
[20] In dieser Arbeit geht es ausschließlich um die Unterstützung von Betroffenen, also nicht um die Betreuung von Einsatzkräften. Dass diese unter Umständen auch der Hilfe bedürfen, kann man heute als selbstverständlich voraussetzen. Da sich Unterstützungsangebote für Einsatzkräfte aber von denen für Betroffene deutlich unterscheiden, wird an dieser Stelle lediglich auf weiterführende Literatur verwiesen, so etwa Fertig & Butz (1997), Bengel (1997) oder Hausmann (2003).
[21] Auffallend ist, dass sich bisher im Themenbereich der frühen Interventionen noch keine einheitlichen Begrifflichkeiten gebildet haben und dass sich auch die Modelle, etwa bezüglich der Unterstützungsebenen sowie der Phasen der Krisenbewältigung teilweise unterscheiden, was zu Konsequenzen führen kann (beispielsweise bezeichnet Hausmann die Hilfe unmittelbar nach einem traumatischen Ereignis als „notfallpsychologische Akutintervention" und deutet an, dass es sich dabei um bis zu drei Gespräche handelt (ders. (2006), S. 87); Krüsmann/ Müller-Cyran klassifizieren eine mehr als einmalige Intervention allerdings als therapeutische Maßnahme (Krüsmann & Müller-Cyran (2005), S. 78 und 90). Dieser kleine Unterschied hat sowohl Auswirkungen auf die Intervenierenden (therapeutische Maßnahmen müssen von einem speziell ausgebildeten Therapeuten ausgeführt werden) als auch auf die Struktur eines Interventionsdienstes (die Sicherstellung einer mehrmaligen Intervention erfordert andere Ansprüche als das Konzept der einmaligen Intervention). Dies stellt auch das Bundesamt für Bevölkerungsschutz und Katastrophenhilfe fest, wenn es von einer „Heterogenität in der Angebotsstruktur" (Helmerichs & Blank (2008), S. 1) der PSNV spricht und sich zur Aufgabe setzt, zugunsten der Qualitätssicherung allgemeingültige Begriffsbestimmungen sowie daraus abzuleitende Grundannahmen, Maßnahmen und Akteure zu erarbeiten. Auf diesen Ergebnissen wird in dieser Arbeit aufgebaut, um begriffliche und konzeptionelle Unklarheiten soweit wie möglich zu vermeiden.
[22] Vgl. ebd., S. 8.
[23] Krüsmann & Müller-Cyran (2005), S. 97; vgl. auch Lasogga (2008b), S. 69f.
[24] Helmerichs & Blank (2008), S. 8.
[25] Vgl. ebd., S. 8.
[26] Zum Begriff „peritraumatisch" siehe Kapitel 3.1.1.
[27] Hausmann (2003), S. 114f.
[28] Vgl. ders. (2006), S. 150.
[29] Vgl. Helmerichs & Blank (2008), S. 9.
[30] Ebd., S. 9.

[31] Natürlich nur, sofern „psychotraumatologische Laien" für die Bedürfnisse der Betroffenen sensibel sind. Vgl. zum Thema „Nebenwirkungen sozialer Unterstützung" etwa Kepplinger (1998), S. 94.
[32] Vgl. Stepan (1998b), S. 17f.
[33] Vgl. Lasogga (2002).
[34] Vgl. ebd., S. 48f.
[35] Vgl. auch Krüsmann & Müller-Cyran (2005), S. 78 oder Hannich et al. (2001), S 227; derzeit liegt beispielsweise eine Pilotstudie (unveröffentlichte Diplomarbeit) der Ludwig-Maximilians-Universität vor, die durch das Kriseninterventionsteam des Arbeiter-Samariter-Bundes München betreute Personen befragt hat (Richter (2001)); ebenso gibt es Erhebungen über Verkehrsunfallopfer (etwa Nyberg et al. (2000) oder Schnyder (2000)), deren Situation natürlich keineswegs identisch ist mit der Situation unverletzter Beteiligter. Mangels Untersuchungen an psychisch Traumatisierten stellt m. E. dieses Material dennoch eine wichtige Bezugsquelle dar.
[36] In der Kritik steht derzeit vor allem die Methode des Debriefings, vgl. dazu Krüsmann & Müller-Cyran (2005), S. 78ff.
[37] Ebd., S. 92.
[38] Vgl. Schmidt (2004), S. 238.
[39] Vgl. Lasogga & Gasch (2008b), S. 23, Lasogga (2008c), S. 98 oder dies. (2008), S. 189.
[40] Roth (2008), S. 137.
[41] Schmidt (2004), S. 238.
[42] Krüsmann & Müller-Cyran (2005), S. 91.
[43] Schmidt (2004), S. 239.
[44] Krüsmann & Müller-Cyran (2005), S. 91.
[45] Die durchschnittliche Betreuungsdauer beim KIT München lag 2012 bei 121 Minuten (Jahresbericht 2012; Krisenintervention im Rettungsdienst des Arbeiter-Samariter-Bund München); vgl. auch Krüsmann & Müller-Cyran (2005), S. 156.
[46] Vgl. Schmidt (2004), S. 239.
[47] Hausmann (2003), S. 99.
[48] Krüsmann & Müller-Cyran (2005), S. 77.
[49] Ebd., S. 76.
[50] Roth (2008), S. 137.
[51] Die Abkürzung KIT steht für „Krisenintervention im Rettungsdienst" (vgl. Müller-Cyran (1997), S. 108). Aber auch die Bezeichnung „Kriseninterventionsteam" begegnet immer wieder, obwohl in Einsätzen in der Regel nur ein Mitarbeiter vor Ort ist. Dennoch verstehen sich die Mitarbeiter als ein Team, so dass auch diese Bezeichnung nicht falsch ist (vgl. Zehentner (2008), S. 229).
[52] Auch bezüglich der Bezeichnungen von PSNV-Anbietern gibt es derzeit noch keine einheitliche Regelung. Das Bundesamt für Bevölkerungsschutz und Katastrophenhilfe ist aber auch an dieser Stelle dabei, eine Vereinheitlichung zu schaffen (vgl. Helmerichs & Blank (2008), S. 18f.). Derzeit gängig sind Begriffe wie Kriseninterventionsdienste, Kriseninterventionsteam, Kriseneinsatzdienst u. v. a. Im Folgenden werden diese Bezeichnungen synonym gebraucht.
[53] Vgl. Lasogga (2008a), S. 199.
[54] Vgl. dazu ebd., S. 198.
[55] Müller-Cyran (1997), S. 121.
[56] Jahresbericht 2012, Krisenintervention im Rettungsdienst des Arbeiter-Samariter-Bund München; die Daten beziehen sich auf das Kalenderjahr 2012.
[57] Vgl. Zehentner (2008), S. 231.
[58] Daschner (2003), S. 117; vgl. auch Allwinn (2007), S. 169.
[59] Inhalt des Ausbildungskurses sind etwa: Psychotraumatologie, Stress, Peritraumatologie, Krise, Trauerreaktion, Grenzen der Arbeit, andere Einrichtungen mit ähnlichen Arbeitsaufträgen, psycho-soziale Einrichtungen, Einsatztaktik, andere BOS-Dienste (BOS = Behörden und Organisationen mit Sicherheitsaufgaben), Stressbearbeitung nach belastenden Einsätzen (SbE),Critical Incident Stress Management (CISM), Weltreligionen und Kulturen, Sterben, Tod und Trauer, Suizid und Suizidalität, psychiatrische Krankheitsbilder (zur Abgrenzung), Grundlagen der Kommunikation und Gesprächsführung, rechtliche Aspekte wie

Schweigepflicht oder Zeugnisverweigerungsrecht, Instruktionen über organisatorische Fragen, Ablauf einer Betreuung, besondere Zielgruppen wie Kinder oder Senioren, Umgang mit schwierigen Situationen (z. B. Aggressivität), Rollenspiele zu den Einsatzindikationen, eigene Psychohygiene, Selbstwahrnehmung, Leichenschau, Obduktion und vieles mehr (vgl. dazu Zehentner (2008), S. 231 und auch die Konzeption der Kriseninterventionsausbildung von P. Zehentner ders. (2000)).

[60] Dies. (2008), S. 232.

[61] Eine Mehrfachbetreuung durch mehrere KIT-Mitarbeiter ist dann sinnvoll, wenn es mehrere beteiligte Personen/ Gruppen gibt, die unterschiedliche Rollen haben; so etwa, wenn nach einem Schienenunfall mit Personenschaden zum einen der Zugführer, gleichzeitig aber auch Augenzeugen betreut werden müssen. In der Betreuung können unterschiedliche Personen/ Gruppen nicht zusammen betreut werden, da die Bedürfnisse in der Regel sehr unterschiedlich sind.

[62] Angenendt & Bengel (2008), S. 113f.

4 Ressourcen- und Bewältigungstheorien

4.1 Ressourcen-Modelle

Die Berücksichtigung von Ressourcen ist in den letzten Jahren innerhalb der Psychologie, Psychotherapie und Beratung stark in den Vordergrund gerückt. Sich nur auf Defizite zu beziehen, um diese zu verringern und auszumerzen gilt zunehmend als einseitige Sichtweise, die dem Anspruch des ganzheitlichen Betrachtens und Behandelns des Klienten und Patienten nicht mehr gerecht wird. Die Ressourcenperspektive soll zu einer vollständigeren „Beschreibung des Klienten und seines Lebensraumes"[205] und zu einer direkten „Förderung des Wohlbefindens"[206] des Klienten beitragen. Es ist davon auszugehen, dass es sich bei der Verschiebung von der defizitorientierten und pathogenetischen Sichtweise hin zur Ressourcenorientierung (die komplementär zu und nicht etwa anstelle von defizitorientierten Ansätzen Anwendung finden soll) keineswegs um einen „vorübergehenden modischen Trend"[207] handelt, sondern dass sich tatsächlich eine Änderung des therapeutischen Grundverständnisses vollzieht.

Mittlerweile haben sich verschiedene Definitionen und Modelle entwickelt, die die Ressourcenperspektive berücksichtigen. An dieser Stelle sollen die Grundzüge einiger dieser Ansätze dargestellt werden, um so eine Vorstellung davon zu gewinnen, was derzeit unter dem Begriff „Ressourcen" verstanden wird.

4.1.1 Die Theorie der Ressourcenkonservierung (Hobfoll)

Eine wichtige Theorie ist die „Theorie der Ressourcenkonservierung" („Conservation of Resources", kurz: COR-Theorie) von Hobfoll. Ihr liegt die Annahme zu Grunde, „dass Menschen bestrebt sind, ihre Ressourcen zu erhalten, zu schützen, zu kultivieren und neue Ressourcen aufzubauen."[208] Erlebt der Mensch einen Zuwachs an Ressourcen, so fördert dies sein Wohlbefinden, ein tatsächlicher oder befürchteter Ressourcenverlust wird dagegen als Bedrohung erfahren. Bei Ressourcen handelt es sich um Objekte, Bedingungen, Persönlichkeitsmerkmale und Energien, die entweder direkt oder indirekt für das Überleben gewürdigt werden, oder sie dienen als Mittel, um diese Ressourcen zu erreichen[209].

Mit dieser Definition, die feststellt, dass es „eigentliche" Ressourcen gibt, aber auch Ressourcen, die auf die Gewinnung von Ressourcen abzielen, ist auch schon ein erster Hinweis auf eines von drei Kategoriensystemen gegeben, die Hobfoll zur Einteilung von Ressourcen nutzt. Eines davon gliedert Ressourcen in primäre, sekundäre und tertiäre Ressourcen. „Primäre Ressourcen besitzen einen direkten Überlebensbezug."[210] Dazu zählen etwa ausreichende Ernährung, Kleidung und so weiter. Zu den sekundären Ressourcen gehören etwa soziale Unterstützung und Bindungen; sie tragen indirekt zur Erlangung und Erhaltung der primären Ressourcen bei. Die tertiären Ressourcen wiederum begünstigen die Sicherung der sekundären Ressourcen. Dazu gehören etwa Statussymbole, der Arbeitsplatz und so weiter.[211]

Eine weitere Kategorisierung vollzieht Hobfoll mit der Unterscheidung zwischen internalen und externalen Ressourcen. Bei ersteren handelt es sich um Personenressourcen wie Selbstwertschätzung, Optimismus, u. a. Sie stehen dem Selbst zur Verfügung. Externale Ressourcen sind nicht im Besitz des Selbst, sondern liegen außerhalb des Selbst. Dazu gehören soziale Unterstützung, ökonomischer Status, u. ä.[212]

Eine dritte Kategorisierung unterscheidet vier Arten von Ressourcen: Objekte, Lebensbedingungen und –umstände, Persönlichkeitsmerkmale und Energieressourcen.[213]

Die Kategorie „*Objektressourcen*" fasst Gegenstände der materiellen Umwelt zusammen, die im Besitz bzw. im Zugriffsbereich eines Menschen stehen (Haus, Kommunikationsmittel, etc.). Als wichtig erweist sich die Ressourcenart „*Lebensbedingungen und –umstände*", beispielsweise ein gesichertes Einkommen oder eine stabile Beziehung, da durch sie „angestrebte Bedingungen (wie Status, Sicherheit oder Zuwendung) erreicht werden können."[214]

Zur Ressourcenart „*Persönlichkeitsmerkmale*" gehören Selbstwertgefühl, Bewältigungsoptimismus, u. a. Sie sind die zentralen Elemente eines positiven Selbstbildes und ermöglichen den Zugang zu wertgeschätzten Zuständen (Freundschaft, Ansehen, …). „*Energieressourcen*" (beispielsweise Geld, Zeit, u. ä.) schließlich dienen zum Erwerb angestrebter Objekte oder zur Erreichung erwünschter Lebensbedingungen.

Wozu sind derartige Kategorisierungen sinnvoll? Hobfoll selbst weiß, dass keines der von ihm genannten Klassifizierungssysteme „allen Forschungsanforderungen oder theoretischen Belangen genügt"[215]. Seine Differenzierungen geben aber einen Hinweis darauf, dass Ressourcen nicht nur „Individuum-immanent" sind, sondern auch in der Umwelt des Individuums gefunden werden können (interne und externe Ressourcen); gäbe es nur interne oder nur externe Ressourcen, so wäre das Individuum ganz auf sich alleine gestellt bzw. ganz von anderen abhängig, so aber kommt es auf die Wechselwirkung und das gelingende Zusammenspiel zwischen internen und externen Ressourcen an. Hobfolls Differenzierungen verweisen auch darauf, dass es direkt in das Leben des Individuums einwirkende Ressourcen gibt genauso wie indirekt einwirkende Ressourcen. In der therapeutischen oder beraterischen Arbeit kann diese Unterscheidung die Wirkweise von Ressourcen herausstellen. Die vier Ressourcenarten können hilfreich sein, die Vielfalt von Ressourcen mit Hilfe von Oberkategorien zu erschließen.

Ferner hat Hobfoll darauf hingewiesen, dass es sowohl Gewinnspiralen als auch Verlustspiralen gibt. Empirische Untersuchungen bestätigen, dass ein reiches Ressourcenrepertoire das Individuum weniger anfällig für Ressourcenverlust macht und darüber hinaus sogar einen Zugewinn an Ressourcen erleichtert. Und genauso verstärkt sich der Ressourcenverlust bei Personen, die ohnehin schon wenige Ressourcen zur Verfügung haben.[216]

4.1.2 Konzept der Beratung als Ressourcenförderung (Nestmann)

Nestmann entwickelt als erster im deutschen Sprachraum ein Konzept der ressourcenorientierten psychosozialen Beratung[217]. Seine Grundannahme lautet: „Unsere Lebensführung, unsere Alltagsgestaltung, unser Wohlbefinden und unsere Gesundheit, unsere Erfolge und Misserfolge in der Bewältigung von Anforderungen, Problemen und Krisen sind abhängig von Ressourcen. Sie beruhen auf der Verfügbarkeit und dem erfolgreichen Einsatz von Personen- und Umweltressourcen. Deshalb ist es unser aller Interesse und unser aller Motivation – zum Teil auch einfache Notwendigkeit des Lebens und Überlebens -, Ressourcen zu haben und zu erhalten."[218]

Nestmann baut auf dem dargestellten Konzept von Hobfoll auf, obwohl er in seinen Untersuchungen an manchen Punkten eine andere Auffassung vertritt als Hobfoll. Dabei stellt Nestmann fest, dass als Ressourcen all das gelten kann, „was von einer bestimmten Person in einer bestimmten Situation wertgeschätzt wird oder als hilfreich erlebt wird"[219]. Damit führt er den Faktor der Subjektivität in die Definition mit ein. Es mag objektive Kriterien geben, die auf Ressourcen hinweisen; ob etwas wirklich als Ressource bezeichnet werden kann, muss die subjektive Wertschätzung der betroffenen Personen berücksichtigen.

Für Ratsuchende ist es entscheidend, dass sie Ressourcen „entweder besitzen oder Zugang zu ihnen haben oder finden."[220] Nur dann können sie Ressourcen investieren, um so die eigenen Möglichkeiten zu erweitern, zu sichern und zu erhalten. Auch hier klingt wiederum das Prinzip der Gewinn- und Verlustspirale von Ressourcen an: Wer Ressourcen hat, kann diese weiter ausbauen, wem sie fehlen, dem wird es schwerer fallen, die momentan vorhandenen Ressourcen zu sichern. Für den Beratungsprozess bedeutet dies, dass der status quo von Ressourcen erhalten werden muss, um ein Abrutschen in die Ressourcenverlustspirale zu vermeiden. Dann erst kann es in einem folgenden Schritt darum gehen, neue Ressourcenzugänge zu schaffen.[221]

4.1.3 Integrative Ressourcentheorie (Petzold)

Um unterschiedliche Aspekte seines Ansatzes herausheben zu können, bietet Petzold gleich sieben Definitionen von Ressourcen an. An dieser Stelle seien drei vorgestellt.

> Definition 1: „Ressourcen sind Mittel bzw. Hilfsmittel zur Erledigung oder Bewältigung von Anforderungen und Aufgaben. Ihr Fehlen ist eine Beschränkung. Sie werden in zielorientierten Handlungen eingesetzt."[222]

Definition 2: „Ressourcen sind alle erdenklichen Mittel der Hilfe und Unterstützung, ja die Prozesse des ‚Supports' selbst, mit denen Belastungen, Überforderungssituationen und Krisen bewältigt werden können: innere Ressourcen/ Stützen wie physische Vitalität, emotionale Tragfähigkeit, Willensstärke, Intelligenz, geistige Werte, aber auch äußere Ressourcen/ Stützen wie Freunde, soziale Netzwerke (...), Unterkunft, Geld. Ressourcen tragen dazu bei, die Stabilisierung einer erschütterten Persönlichkeit, einer zerrütteten Familie, eines maroden sozialen Systems, einer desorganisierten Organisation zu ermöglichen, die Selbstregulationskräfte und Interaktionskompetenz des Systems mit der Umwelt zu restituieren und darüber hinaus – derartige Konsolidierungen überschreitende – Entwicklungen auf den Weg zu bringen und zu fördern."[223]

Definition 5: „Als Ressourcen werden alle Mittel gesehen, durch die Systeme sich lebens- und funktionsfähig erhalten (operating), Probleme bewältigen (coping), ihre Kontexte gestalten (creating) und sich selbst im Kontextbezug entwickeln können (development)."[224]

Die erste Definition Petzolds versucht, sich zunächst einmal allgemein an das Ressourcenverständnis anzunähern. Ressourcen befähigen dazu, Anforderungen und Aufgaben zu bewältigen. Fehlen die notwendigen Ressourcen, so ist dies eine Beschränkung des Handelns eines Individuums.

Die zweite Definition stellt dann den Bezug zu Belastungen und Überforderungen her, geht also den Schritt aus der Alltäglichkeit hinaus (Definition 1) hin zu Situationen, die dem Individuum ein besonderes Maß an Ressourcenaufwendung abverlangen. In der zweiten Definition macht Petzold deutlich, dass als Ressourcen alle „erdenklichen Mittel" gelten können. Sie tragen zur Stabilisierung der Persönlichkeit sowie zur Rückerlangung der „Selbstregulationskräfte und Interaktionskompetenz" bei, bringen das Individuum also wieder zurück in einen Zustand des inneren Gleichgewichts und versetzen es wieder in die Lage, mit seiner Umwelt kommunizieren zu können. Es geht dabei keineswegs nur darum, das Individuum wieder in den Zustand vor einem kritischen Ereignis zu versetzen, sondern auch darum, Entwicklungen anzustoßen, die das Individuum sich weiterentwickeln zu lassen.

Unterscheidet Petzold hier lediglich zwischen inneren und äußeren Ressourcen, so erwähnt er an anderer Stelle differenziertere Kategorien. Er spricht dabei von den „fünf Säulen des Supports"[225] und greift dabei einen Begriff aus der Gestalttherapie auf, den er aber durchaus synonym mit dem Begriff der Ressource benutzt[226]. Diese bestehen aus:

(1) Ressource der eigenen Leiblichkeit
(2) Ressource soziales Netz
(3) Ressource der eigenen Arbeit und Leistung
(4) Ressource der materiellen Sicherheit
(5) Ressource der Werte.[227]

Neben diesen Kategorisierungen[228] führt Petzold eine weitere Spezifizierung von Ressourcen an, um unter anderem zwischen wahrgenommenen und nicht wahrgenommenen, zwischen nutzbaren und nicht nutzbaren, verfügbaren, aber nicht genutzten, genutzten, aber nicht optimal genutzten Ressourcen zu unterscheiden.[229] Für die praktische Arbeit mit Ressourcen ist dies eine relevante Unterscheidung. Für den Gebrauch von Ressourcen ist es wichtig, dass das Individuum die Ressourcen wahrnimmt und sie klassifiziert und deren Verfügbarkeit bewertet, „damit die Ressource zugänglich und mobilisierbar wird, sodass sie in möglichst optimaler Weise genutzt werden kann."[230]

Petzolds Theorie unterstreicht, dass es nicht nur um das Feststellen und Erkennen von Ressourcen eines Individuums geht, sondern auch um die Frage, wie effektiv die Ressourcen genutzt werden.

4.1.4 Zusammenfassung der Modelle

Betrachtet man die dargestellten Modelle und Theorien, so kann man feststellen, dass der Begriff der Ressourcen ein sehr weitgefasster Begriff ist, der vor allem die Subjektivität des Individuums berücksichtigen muss. Denn am Individuum entscheidet sich schließlich, ob eine Ressource in einer bestimmten Situation hilfreich ist, es entscheidet sich am Individuum sogar, ob eine Ressource *überhaupt* eine Ressource ist.

Verschiedene Klassifizierungen versuchen, trotz der Trennungsunschärfe der Definition Kategorien zu bilden, die einen möglichst umfassenden Blick auf einzelne, potentielle Ressourcen werfen. Sie unterscheiden und ergänzen sich, stimmen teilweise miteinander überein. Unterschiedliche Kategorieoberbegriffe, denen ein und dieselbe Ressource zugeordnet werden kann, unterstreichen die verschiedenen Blickwinkel der einzelnen Modelle. So kann beispielsweise die Ressource „Leib" in einem Modell eine Hauptkategorie darstellen (etwa bei Petzold), bei einem anderen Modell (etwa bei Hobfoll) müsste dieselbe Ressource vermutlich unter der Kategorie „Energieressourcen" eingegliedert werden. Dabei ist durchaus festzustellen, dass sich manche Ressourcen nur sehr schwer in ein bestimmtes System eingliedern lassen.

Auch wenn der Begriff der „Ressource" in den letzten Jahren verstärkten Einzug in die Psychologie und Psychotherapie gehalten hat, ist er immer noch von großer Unklarheit geprägt. Je nach Perspektive, aus der man Ressourcen betrachtet, ergeben sich verschiedenartige Definitionsversuche[231]. Neben der Art, Ressourcen zu definieren, unterscheiden sich die verschiedenen Ansätze auch darin, welche Kategorien und Klassifizierungen sie als notwendig und hilfreich erachten.

4.2 Das salutogenetische Modell nach Antonovsky

Wie bereits in Kapitel 2.4 angekündigt, soll im Zusammenhang der Darstellung verschiedener Ressourcenmodelle auch das salutogenetische Modell von Antonovsky beschrieben werden. Dabei ist zu beachten, dass dieses Modell nicht als Ressourcenmodell bezeichnet werden kann. Es handelt sich dabei um ein Stressbewältigungsmodell. Dennoch ist der Blickwinkel, mit der die Salutogenese den Gesundheitszustand des Menschen betrachtet und der sich vor allem an der Frage orientiert, was den Menschen trotz widriger Lebensumstände gesund erhält, durchaus ressourcenorientiert[232].

Antonovsky distanziert sich von der pathogen-kurativen Sichtweise der Medizin, die sich lediglich darauf konzentriert, den kranken Menschen mit seiner Krankheit zu sehen und diese zu behandeln. Bei medizinischen Notfällen, so Antonovsky, ist dieser Ansatz „gerechtfertigt und wirksam"[233], bei der Mehrheit der medizinischen Behandlungen führt er zur „Blindheit gegenüber dem Kranksein der Person, ihrer gesamten Lebenssituation und ihrem Leiden"[234] und zu einem Verkennen des Gesunden einer Person. Keine Person ist Zeit ihres Lebens nur krank, denn „solange noch ein Hauch von Leben in uns ist, [sind wir alle] in einem gewissen Ausmaß gesund."[235] Pathogenetiker werden so zu Spezialisten von einzelnen und von einander getrennten Krankheiten, gewinnen dabei aber kein Verständnis von Ent-Gesundung oder gar von Gesundheit[236].

Falsch wäre es aber, die Salutogenese nun als Gegenstück der Pathogenese zu bezeichnen. Antonovsky wehrt sich dagegen sogar sehr, denn die gesundheitsorientierte Sicht, die versucht, alles in die Gesunderhaltung zu investieren, begeht in gleicher Weise wie die Pathogenese eine dichotomische Spaltung. Aber so wie jeder Mensch – wie oben zitiert – nie vollständig krank ist, ist auch jeder Mensch nie vollständig gesund[237]. Um dieser Tatsache gerecht zu werden, führt Antonovsky den Begriff des Gesundheits-Krankheits-Kontinuums ein. Dabei sind die beiden Pole der völligen Gesundheit sowie der völligen Krankheit für keinen lebenden Organismus zu erreichen. Vielmehr ist der Zustand eines Menschen zwischen diesen beiden Polen anzusetzen und verändert sich im Laufe des Lebens, mal eher in Richtung Gesundheitspol, dann aber wieder Richtung Krankheitspol.

Das Gesundheits-Krankheits-Kontinuum verhindert, dass einseitig zu viel Konzentration auf die Ätiologie einer bestimmten Krankheit gerichtet wird. Die pathologische Sichtweise soll dabei aber keinesfalls vollständig aufgegeben werden, es geht vielmehr darum, die Pathogenese durch die Salutogenese zu komplementieren.[238]

Antonovsky nimmt auch bezüglich der Stressoren eine unterschiedliche Position ein als viele andere Stressmodelle. Die Aussage, dass es ihm um die „Rehabilitation der Stressoren im menschlichen Leben"[239] geht, gibt die Richtung seiner Denkweise an. Seiner Definition gemäß sind Stressoren „eine von innen oder außen kommende Anforderung an den Organismus, die sein Gleichgewicht stört und die zur Wiederherstellung des Gleichgewichtes eine nicht-automatische und nicht unmittelbar verfügbare, energieverbrauchende Handlung erfordert"[240]. Der Organismus muss dabei die entstehenden Spannungszustände bewältigen. Wenn dies gelingt, „so hat dies eine gesunderhaltende bzw. gesundheitsförderliche Wirkung. Misslingt die Spannungsbewältigung, dann entsteht ‚Stress' (Belastung, Belastungsfolgen) oder eine die Person subjektiv und/ oder objektiv belastende Funktion."[241]

Diese Spannungsbewältigung kann nicht immer gelingen, und Stress sowie belastende Situationen sind allgegenwärtige Phänomene. Hinzu kommt, dass Stressoren eben nicht nur allgegenwärtig, geradezu alltäglich sind, sondern auch, dass sie in der Regel nicht „immanent schädlich sind"[242]; im Gegenteil, Stressoren haben – bei erfolgreicher Bewältigung des Spannungsverhältnisses – sogar eine gesundheitsförderliche Wirkung. So kommt Antonovsky zu dem Schluss, „dass ein hohes Ausmaß an Stressoren bei gleichzeitigem hohen Ausmaß an sozialer Unterstützung gesundheitsfördernd ist"[243]. Antonovsky unterstreicht mit dieser Feststellung, dass aus dem durch Stressoren entstehenden Spannungsverhältnis Wachstum oder aber psychische Störungen entwickeln können. Auch Modelle der Psychotraumatologie, die die posttraumatische Belastungsreaktion erklären, verweisen auf Phänomene, die aus Stressoren, nämlich das traumatische Ereignis, die Chance des Wachsens eröffnet, in der psychotraumatologischen Literatur etwa „Posttraumatic growth" („Posttraumatisches Wachsen") genannt[244], sie erscheinen aber oftmals eher als Fußnote oder als Erwähnung am Schluss, während manche Psychologen das posttraumatische Wachstum wiederum als nichtexistent bezeichnen[245]. So gesehen ist das Vertrauen auf ein Wachsen aus schwierigen Lebenslagen heraus keine Selbstverständlichkeit. Antonovsky integriert die Möglichkeit des Wachstums in seine Theorie und bezieht damit in dieser Diskussion eindeutig Position.

Herzstück von Antonovskys Theorie ist das sogenannte „Kohärenzgefühl" („Sense of coherence", SOC). Darunter versteht Antonovsky

„(…) a global orientation that expresses the extent to which one has a pervasive, enduring though dynamic, feeling of confidence that one's internal and external environments are predictable and that there is a high probability that things will work out as well as can reasonably be expected"[246].

Wenn Antonovsky also von einer „grundlegenden Lebenseinstellung" (siehe dazu die Übersetzung in der Endnote 246) spricht, so verweist dies darauf, dass das Modell des Kohärenzgefühls nicht auf einzelne Umstände und Situationen einer Person abzielt, sondern dass diese in eine Grundeinstellung eingeordnet sind, in eine Grundhaltung also, die überdauernd und stabil ist. Diese Grundeinstellung wird während des Lebens mit neuen Lebenserfahrungen konfrontiert und von diesen geformt.

Das Kohärenzgefühl besteht aus drei Komponenten[247]:

1.) Verstehbarkeit („comprehensibility"),
2.) Handhabbarkeit („manageability"),
3.) Sinnhaftigkeit („meaningfulness").

Das Gefühl der Verstehbarkeit bezieht sich auf die kognitive Einschätzung der Umwelt eines Menschen. Ein hohes Maß an Verstehbarkeit hat zur Folge, dass die Welt als „geordnet, strukturiert, konsistent und erklärbar"[248] eingeschätzt wird. Auch zukünftige Ereignisse werden als verstehbar eingeordnet, und nicht etwa als chaotisch, willkürlich, zufällig und unerklärbar[249].

Das Gefühl der Handhabbarkeit „beschreibt die Überzeugung eines Menschen, dass Schwierigkeiten lösbar sind."[250] Dies hängt unter anderem mit dem Vertrauen zusammen, geeignete Ressourcen zu besitzen, um den anstehenden Anforderungen zu begegnen. Mit Ressourcen meint Antonovsky aber nicht nur innere Ressourcen, die eine Person befähigen, ein Problem alleine zu lösen, sondern auch jene Ressourcen, die außerhalb des eigenen Verfügungsrahmen liegen, also auch „der Glaube daran, dass andere Personen oder eine höhere Macht dabei helfen, Schwierigkeiten zu überwinden"[251]. Ein hohes Maß an Handhabbarkeit schützt Personen davor, sich von Ereignissen zu sehr in die Opferrolle drängen zu lassen oder sich ungerecht behandelt zu fühlen[252].

Das Gefühl der Sinnhaftigkeit ist die motivationale Komponente des SOC[253]. Es beschreibt die Überzeugung, dass das Leben trotz und vielleicht sogar wegen mancher Widrigkeiten einen Sinn hat und es sich lohnt, sich im Leben zu freuen. Diese Komponente gilt als die wichtigste, denn ein Mensch, der nur wenig oder gar keinen Sinn in seinem Leben sieht, wird die Herausforderungen seines Lebens als Last und Qual empfinden.

Das Kohärenzgefühl, das sich aus diesen drei beschriebenen Komponenten zusammensetzt, ist nicht als ein Copingstil zu bezeichnen, sondern gilt als eine Art Steuerungsprinzip, das „den Einsatz verschiedener Verarbeitungsmuster (Copingstile, Copingstrategien) in Abhängigkeit von den Anforderungen anregt."[254] Ebenso wenig handelt es sich um eine klassische Persönlichkeitseigenschaft, da das Kohärenzgefühl lediglich in Belastungssituationen zur Geltung kommt[255]. Ob es sich beim Kohärenzgefühl um eine Ressource handelt, wie es in manchen Schriften heißt, z. B. bei Hausmann (2006, S. 79), wird in Kapitel 4.3.6 diskutiert.

Nach Antonovsky entwickelt sich das Kohärenzgefühl vor allem im Laufe der Kindheit und des Jugendalters, im Erwachsenenalter sei eine generelle Veränderung nur begrenzt möglich[256].

Antonovsky versuchte jene Faktoren herauszuarbeiten, die erfolgreiche Spannungsbewältigung erleichtern. Dabei fand er individuelle, soziale und kulturelle Faktoren, die er als „generalisierte Widerstandsressourcen" bezeichnete. Der Begriff versucht deutlich zu machen, dass die Ressourcen in jeder Situation, also generalisiert, wirksam werden können, wobei die Ressourcen dazu beitragen, die Widerstandsfähigkeit der Person zu erhöhen[257]. Generalisierte Widerstandsressourcen entstehen aus einer kohärenten Lebenserfahrung heraus. Das heißt, wer über ausreichend Widerstandsressourcen verfügt, ist in der Lage, Spannungen in seinem Leben abzubauen, was ihm wiederum zu neuer kohärenter Lebenserfahrung verhilft. Generalisierte Widerstandsressourcen und das Kohärenzgefühl stehen also in einer Beziehung zueinander. Das Kohärenzgefühl ermöglicht es, Spannungen zu bewältigen und trägt so zur Entwicklung von Widerstandsressourcen bei. Diese wiederum formen das Kohärenzgefühl, indem sie Lebenserfahrung ermöglichen.[258]

Ein ausgeprägtes Kohärenzerleben trägt also dazu bei, besser mit Extrembelastungen und traumatischen Ereignissen umzugehen. Mittlerweile wurde der Zusammenhang zwischen der Entwicklung einer PTBS und dem Kohärenzerleben wissenschaftlich untersucht, und zwar anhand von Verkehrsunfallopfern[259]. Die Forscher fanden heraus, dass Patienten mit niedrigem Kohärenzerleben die Unfallfolgen pessimistischer einschätzten und länger in Rehabilitationsbehandlung bleiben mussten. „Sie berichteten über mehr Ängste und Angespanntheit im Straßenverkehr.“[260] Patienten mit hohem Kohärenzerleben dagegen wiesen ein signifikant geringeres Ausmaß an Belastungssymptomen auf[261]. Ähnliche Ergebnisse weisen auch andere Studien auf, so etwa Studien an politischen Häftlingen[262], die ebenfalls die Bedeutung der Ressource Kohärenzerleben unterstreichen: „Niedriges Kohärenzerleben geht mit einem signifikant höheren PTBS-Risiko einher.“[263] Allerdings, so muss einschränkend hinzugefügt werden, bedeutet ein hohes Kohärenzerleben nicht automatisch psychische Gesundheit[264].

Hausmann stellt fest, dass die drei Komponenten des Kohärenzgefühls jenen Bedürfnissen entsprechen, die Betroffene während oder nach einem Notfall haben[265]. „So wollen die meisten Menschen wissen und verstehen, wie und warum das Unglück geschehen konnte, von dem sie betroffen sind (Verstehbarkeit).“[266] Sie dabei zu unterstützen, Informationen zu erhalten, die helfen, das ganze Ereignis kognitiv einzuordnen, ist deswegen von hoher Bedeutung. Ebenso von Bedeutung ist das Unterstützen der Betroffenen, soweit wie möglich selbst aktiv zu werden und zu handeln. Dies stärkt das Gefühl der Handhabbarkeit. Das traumatische Ereignis wird in vielen Fällen als primär sinnlos erlebt (besonders wenn z. B. Kinder gestorben sind). Alles, was Betroffene darin unterstützt, sich mit dem Sinn des Lebens auseinanderzusetzen, ist deswegen ebenso von zentraler Bedeutung und berücksichtigt die Komponente „Sinnhaftigkeit“ nach Antonovsky.

Antonovsky selbst hat versucht, die Frage zu beantworten, ob man als Begleiter oder Therapeut einen Einfluss auf das Kohärenzgefühl nehmen kann oder ob nicht. Seine Antwort darauf ist, dass „es unwahrscheinlich ist, (…) dass das Kohärenzempfinden sich, nachdem es einmal ausgebildet und gefestigt ist, auf irgendeine radikale Weise verändern wird“[267]. Es mag gewisse Lebensereignisse geben, die dazu führen, dass sich das Kohärenzgefühl nach oben oder nach unten deutlich verändert, aber „[w]ahrscheinlich ist dies nicht.“[268] Daran hat sich die Frage nach der Notwendigkeit von psychosozialen Helfern aufgeworfen, wenn „jemand mit einem starken SOC solche Helfer nicht wirklich braucht und (…) jemandem mit einem schwachen SOC von einem temporären Begleiter nicht wirklich geholfen werden kann."[269] Beim Beantworten dieser Frage kommt Antonovsky schließlich an den Punkt, wo auch die Bedeutung der Krisenintervention bezüglich des Kohärenzgefühls deutlich wird, allerdings nicht aus der Sicht des Krisenhelfers, sondern aus der Perspektive des Arztes und Klinikers. Wenn die Wahrscheinlichkeit, das Kohärenzgefühl in bedeutender Weise zu verändern, recht gering ist, so ist es dennoch möglich, einen Beitrag zu leisten, das Kohärenzgefühl zumindest in minimaler Weise zu verändern. Die Art und Weise nämlich, wie ein Arzt seinem Patienten mitteilt, dass dieser an einer unheilbaren Krankheit leidet, kann so erfolgen, dass diese Nachricht dem Patienten Schaden zufügt (etwa wenn der Arzt den Patienten nach der Nachricht sich alleine überlässt, ohne ausreichend auf seine Fragen oder Gefühle einzugehen), oder aber die Begegnung kann so gestaltet sein, dass der Patient sich trotz der Nachricht einer schweren Erkrankung als konsistent erfährt, sodass die Tatsache selbst, nämlich die Erkrankung, die Person zwar zu erschüttern vermag, dass die Art und Weise der Überbringung der Nachricht aber nicht noch zusätzlichen Schaden zufügt[270]. Auch wenn der Schaden bzw. der Gewinn jeweils gering sein mögen, so ist es dennoch ein Schaden, der das Gegenüber verletzen wird bzw. ein Gewinn, der heilendes Potential besitzt. Auch diese „Kleinigkeiten" haben ihren Wert und sie können, so Antonovsky, möglicherweise zu einem Rüstzeug werden, mit dem es dem Patienten gelingt, „innerhalb ihres Lebens etwas ausfindig zu machen, was ich [*Antonovsky*] SOC-verbessernde Erfahrungen nennen möchte."[271]

4.3 Relevante Unterscheidungen für die Krisenintervention

Nach den Erkenntnissen aus obigem Kapitel wird deutlich, dass die Definitionsversuche des Ressourcenbegriffs je nach Perspektive variieren, aus der heraus sie entwickelt werden. Dies ist auch hinsichtlich der Prävention und Bewältigung psychischer Traumata der Fall. So soll nun versucht werden, einige Aspekte des Ressourcenbegriffs sowie Kategorisierungen und Klassifizierungen herauszuarbeiten, die für die Krisenintervention von Bedeutung sind.

4.3.1 Relativität von Ressourcen

Ein wichtiges Merkmal von Ressourcen ist ihre Relativität. Das bedeutet, dass Ressourcen sich nicht als Entitäten verstehen lassen, sondern dass die Entscheidung, ob etwas eine Ressource ist, davon abhängt, „inwieweit es im Dienste zentraler Motive der Person steht"[272], also inwieweit eine Bezogenheit (Relativität) auf ein Motiv vorhanden ist. Der Aspekt der Subjektivität, den Nestmann unterstrich, dass Ressourcen nämlich etwas seien, „was von einer bestimmten Person in einer bestimmten Situation wertgeschätzt wird oder als hilfreich erlebt wird"[273], wird hiermit präzisiert: nicht nur auf das Subjekt, sondern auch auf dessen beabsichtigten Zwecke wird rekurriert. So kann das soziale Netz einer Person zwar durchaus als Ressource dienen, genauso gut kann es aber auch zum (belastenden) Stressor werden. Ob Ressource oder Stressor, das entscheidet sich an den Motiven der betroffenen Person.

Für die Krisenintervention in der peritraumatischen Phase ist die Relativität von Ressourcen von Bedeutung, insofern sie bewusst macht, dass das, was für einen Menschen hilfreich ist, von ganz unterschiedlichen Standpunkten betrachtet werden kann. Verliert ein Mensch eine wichtige Bezugsperson im Leben, etwa den Partner oder das Kind, kann es durchaus sein, dass es ihr erstrebenswert erscheint, wenn das eigene Leben nun ebenfalls zu Ende ginge (Aussage einer Klientin: „Vor zwölf Jahren ist mein Mann an Krebs gestorben, und nun liegt mein Sohn tot vor mir. Ich habe jetzt niemanden mehr. So kann ich nicht mehr leben."). Von diesem Standpunkt aus und unter Berücksichtigung des relativen Charakters von Ressourcen kann die Motivation, das eigene Leben zu beenden sowie auch alle Fähigkeiten, Mittel, etc., die beitragen, dieses Ziel zu verwirklichen, als Ressource betrachtet werden. So widersprüchlich diese Motivation gegenüber den Zielen des Krisenhelfers (der es gewohnt ist, Menschenleben zu retten) auch sein mag, so kann das Wissen um den relativen Charakter von Ressourcen dennoch dazu beitragen, andere, den eigenen Vorstellungen gegenläufige Ziele mit Respekt zu begegnen (und selbst solche extremen Motivationen, sich das Leben zu nehmen, müssen respektiert – nicht aber zugelassen und unterstützt - werden).

Und gleichzeitig verweist die Relativität von Ressourcen auch auf den eigenen Standpunkt, auf den Standpunkt des Krisenhelfers. Er agiert nicht aus einem Gefühl der Hilflosigkeit und Handlungsunfähigkeit heraus, sondern intendiert mit seiner Krisenintervention bestimmte Ziele. So ist nicht nur die Bezogenheit auf die Motive und Absichten des Betroffenen Rücksicht zu nehmen, sondern der Psychosoziale Notfallhelfer darf keinesfalls seine eigenen Ziele aus den Augen verlieren, die in seiner Rolle als Krisenhelfer die Ziele der peritraumatischen Krisenintervention sind (vgl. Kapitel 3.2.2). Dies wird ihn gegenüber einem suizidalen Klienten dann veranlassen, diesen zum Nachdenken über alternatives Handeln anzuregen und gegebenenfalls Maßnahmen zu ergreifen, die ein selbstgefährdendes Handeln unterbinden.

4.3.2 Subjektive und objektive Ressourcen

Aus dem relationalen Aspekt von Ressourcen heraus erwächst die Unterscheidung zwischen subjektiven und objektiven Ressourcen. Die Unterscheidung von subjektiven und objektiven Ressourcen berücksichtigt, inwieweit der Betroffene bestimmte Potentiale als hilfreich einschätzt. Um dies zu verdeutlichen, wird in der Literatur gerne das Beispiel des Berliner Professors Matthias Jerusalem aufgegriffen: „Vergleicht man zwei Musiker, die gleichermaßen begabt und erfahren sind, mit gleich guten Instrumenten ausgestattet sind und über gleichermaßen qualifizierte Mitspieler verfügen (also gleiche *objektive* Ressourcen haben), dann wird derjenige einen öffentlichen Konzertauftritt als stressreicher erleben, der weniger Vertrauen in die eigene Leistung mitbringt, dessen subjektive Ressourcen demnach den kritischen Anforderungen weniger gut standhalten können."[274]

Für den Psychosozialen Notfallhelfer ist diese Unterscheidung insofern hilfreich, dass er als Außenstehender in einer Betreuungssituation verschiedene Ressourcen erkennen kann. Vielleicht erfährt er von den Kindern der betreuten Person, die in der gleichen Stadt leben; da er zunächst von „gesunden Familienverhältnissen" ausgeht, bewertet er das Vorhandensein der Kinder in Reichweite als objektive Ressource. Da er seine Aufgabe als Krisenhelfer auch darin sieht, sein Gegenüber zu unterstützen, Ressourcen zu aktivieren, wird er den Betroffenen fragen, ob es nicht hilfreich wäre, die Kinder zu bitten, zum Ort der Betreuung zu kommen. Dies wird die betreute Person bejahen, wenn er das Anwesendsein seiner Kinder als hilfreich empfindet; damit sind die Kinder des Betroffenen nicht nur objektive, sondern auch subjektive Ressource.

Es gehört also zu den Aufgaben eines Psychosozialen Notfallhelfers, sich darüber Gedanken zu machen, welche Ressourcen dem Betroffenen weiterzuhelfen vermögen. Dabei sollte er jedoch berücksichtigen, dass seine eigene Vorstellung von Ressourcen nicht unbedingt den Vorstellungen der betreuten Person entsprechen müssen. Es gilt zu unterscheiden, „zwischen Potenzialen, die ein Individuum mit sich bringt, die erst dann zu Ressourcen werden, wenn sie vom Individuum als subjektiv positiv und zielführend wahrgenommen werden"[275]. Die objektiven Ressourcen, die dem Notfallhelfer als hilfreich erscheinen, müssen so also noch der Einschätzung der betroffenen Person zugeführt werden, wodurch sie erst auch für subjektiv relevant werden können. Würde diese Einschätzung durch den Betroffenen nicht erfolgen, bestünde die Gefahr, dass dem Notfallopfer Hilfsmaßnahmen aufgezwängt würden. Dies widerspricht den Grundsätzen der Krisenintervention, die versucht, beim Klienten anzusetzen und darin zu unterstützen, wieder eigenmächtig handeln zu können (vgl. Kapitel 3.2.2).

Umgekehrt kann es in der Krisenintervention aber durchaus auch vorkommen, dass ein Mitarbeiter des Psychosozialen Dienstes aus der Perspektive des „Fachmannes der Psychotraumatologie" etwas vorschlägt, das der Betroffene zunächst einmal als nicht hilfreich betrachtet, was sich aber im Verlauf der nächsten Stunden, Tage und Wochen letzten Endes doch noch als hilfreich herausstellt. Natürlich darf in einer Betreuung niemals ein Klient zu etwas gezwungen werden; dennoch ist es als opportun anzusehen, dass der PSNV-Mitarbeiter in manchen Punkten aufgrund seiner praktischen Erfahrung und des fachlichen Wissens dem zu Betreuenden auch auf anfängliches Ablehnen hin bestimmte Maßnahmen oder Handlungen anrät und ihn dazu motiviert, seine Meinung nochmals zu überdenken[276].

Eine solche Vorgehensweise lässt sich ebenfalls mit der Relativität und der damit verbundenen Einteilung der Ressourcen in subjektive und objektive Ressourcen begründen, denn auch wenn das subjektive Ziel des Klienten, an dem sich entscheidet, ob etwas eine Ressource ist oder nicht, in der Betreuung eine wichtige Rolle spielt und dem immer mit Wertschätzung begegnet werden muss, so ist es nicht das alleinige Ziel, das mit Hilfe einer Betreuung verwirklicht werden will. Denn die Betreuung eines Betroffenen richtet sich nicht ausschließlich an den Zielen des Betroffenen aus, sondern integriert diese (wenn möglich) in die Betreuung, hat aber immer auch jene Ziele im Blick, die mit der Betreuung intendiert werden und auf denen die Betreuung letzten Endes fußt. Stehen sich die Ziele des Klienten und der Betreuung unverrückbar diametral entgegen, so ist eine Betreuung nicht möglich. Vielleicht aber gelingt es in der Betreuung, den Klienten durch Bewusstmachen einer objektiven Ressource in die Lage zu versetzen, dass dieser sie auch als subjektive Ressource entdecken und nutzen kann.

4.3.3 Externe und interne Ressourcen

Weit verbreitet ist die Unterscheidung zwischen externen und internen Ressourcen. Unter externen Ressourcen werden „alle natürlichen, sozialen und technischen Hilfsmittel bzw. Helfer in der Umwelt verstanden (z. B. soziale Netzwerke, sozioökonomischer Status, Einkommen, Wohn- und Arbeitsumgebung, der in einer Situation gegebene Handlungs- und Kontrollspielraum, gegebenenfalls auch die therapeutische Beziehung)"[277].

Grundannahme dabei ist, dass der Mensch ein „bedürftiges", das heißt mit Bedürfnissen ausgestattetes Lebewesen ist, das zur Befriedigung seiner Bedürfnisse auf externe Ressourcen aus seiner Umwelt angewiesen ist[278].

Um auf externe Ressourcen zugreifen zu können, sind bestimmte interne Ressourcen notwendig. Darunter werden psychosoziale oder physische Merkmale einer Person verstanden, beispielsweise Wissen, Intelligenz, spezifische Fertigkeiten, u. ä. [279]

Für die Krisenintervention kann diese Differenzierung einen Hinweis grundsätzlicher Art geben, nämlich dass das Bestehen einer Krise in der Regel nie alleine von der betroffenen Person abhängt, sondern dass auch das soziale Netz und – weiter gefasst – die gesamte Gesellschaft mit in die Verarbeitungs- und Selbstheilungsversuche des Einzelnen hineinwirken[280]. Gleichzeitig spielen die internen Ressourcen eine grundlegende Rolle, um Krisen bewältigen zu können, oder um externe Ressourcen nutzbar zu machen. Daran wird deutlich: eine Krise zu überwinden geht nur im Zusammenspiel zwischen internen und externen Ressourcen. Deswegen zielt Krisenintervention auch darauf ab, diese Ressourcen zu sichern und verfügbar zu machen.

4.3.4 Anforderungsspezifische und globale Ressourcen

In der Literatur über Ressourcen ist auch die Einteilung in anforderungsspezifische sowie globale, generalisierte Ressourcen zu finden[281]. „Anforderungsspezifisch sind Ressourcen dann, wenn sie sich lediglich im Zusammenhang mit umgrenzten – z. B. berufsbezogenen – Anforderungen als vorteilhaft erweisen."[282] Dazu gehören etwa berufliche Fähigkeiten, Fremdsprachenkenntnisse, etc. Eine breitere Anwendbarkeit haben dagegen unspezifische, globale Ressourcen. Sie sind nicht auf bestimmte Situationen zugeschnitten, sondern kommen als grundlegende Ressourcen in vielen verschiedenen Situationen zum Tragen. Als Beispiel könnte eine gute Allgemeinbildung oder hohe Intelligenz genannt werden[283].

In der Krisenintervention kann diese Unterscheidung hilfreich sein. Anforderungsspezifische Ressourcen sind zum Beispiel dann angesprochen, wenn der Psychosoziale Notfallhelfer beim Betroffenen versucht auszumachen, ob er ähnliche traumatisierende Ereignisse bereits erlebt hat und wenn ja, wie er diese Situation bewältigen konnte. Möglicherweise zeigt sich hierbei, was in früheren traumatisierenden Situationen als Ressource gedient hat. Ansonsten spielen in der Krisenintervention auch die globalen Ressourcen eine große Bedeutung, da sie die Grundlage bilden, neue, für die aktuelle Krise anforderungsspezifische Ressourcen zu bilden.

4.3.5 Indirekte Ressourcen

Mit „indirekten Ressourcen" könnte beschrieben werden, was Hobfoll mit sekundären und tertiären Ressourcen bezeichnet (vgl. Kapitel 4.1.1); sie sind weniger im eigentlichen Sinn Ressourcen, sondern haben eher vorbereitenden und unterstützenden Charakter. Viele Elemente einer Betreuung in der peritraumatischen Phase haben – wie noch zu zeigen sein wird – diesen indirekten Charakter; das heißt, sie leisten einen Beitrag dazu, dass der Klient eigene Ressourcen besser erkennen, auf eigene Ressourcen zugreifen und sie nutzen kann. Ein Beispiel für indirekte Ressourcen ist das Gestalten des Settings der Betreuung. Indem der Psychosoziale Notfallhelfer ein Setting schafft, das den Betroffenen vor weiteren belastenden Einwirkungen schützt, wirkt der Helfer insofern als indirekte, also vorbereitende Ressource, indem er das Umfeld des Betroffenen so gestaltet, dass dieser langsam wieder das Gefühl entwickeln kann, in Sicherheit zu sein, was sich wiederum günstig darauf auswirken wird, sich auf eigene Ressourcen zu besinnen und diese aktivieren zu können. Das Gestalten des Settings ist eine indirekte Ressource, da es die Möglichkeit schafft oder verbessert, damit eigentliche Ressourcen zum Tragen kommen.

4.3.6 Das Kohärenzgefühl als Ressource

In Kapitel 4.2 wurde bereits angesprochen, dass das Kohärenzgefühl von Antonovsky in manchen Stellen der Literatur auch als Ressource bezeichnet wird. So klassifizieren Gerdes und Weis etwa das Kohärenzgefühl als eine personale Ressource[284], eben-so wie Hausmann das Kohärenzgefühl zu den Ressourcen zählt[285].

Antonovsky selbst beschreibt bei seiner Definition des Kohärenz-gefühls dieses nicht explizit als Ressource[286]. In seiner Definition fällt der Begriff nur im Zusammenhang mit der Beschreibung des Gefühls der Handhabbarkeit, wonach der Mensch über Ressour-cen verfügt, um den ihm gestellten Anforderungen gerecht zu werden. Ressourcen sind also ein Element des Kohärenzgefühls, und nicht etwa umgekehrt das Kohärenzgefühl die Ressource. Allerdings definiert Antonovsky auch an keiner Stelle, was er unter Ressourcen versteht.

Dass im Zusammenhang mit der Beschreibung des Gefühls der Handhabbarkeit der Ressourcenbegriff fällt, bedeutet indes nicht, dass die beiden anderen Komponenten des Kohärenzgefühls nicht mit Ressourcen zusammen hängen. Im Sinne dessen, was bisher in diesem Buch über Ressourcen herausgearbeitet wurde, kann durchaus auch das Gefühl der Verstehbarkeit in Verbindung mit Ressourcen gebracht werden, denn zum Verarbeiten und In-tegrieren von Stimuli zu konsistenten und strukturierten Informati-onen bedarf es etwa der Verfügbarkeit über ein gewisses Maß der Ressource „Intelligenz" usw. Ebenso ist das Gefühl der Sinnhaf-tigkeit mit Ressourcen verbunden: Petzold beispielsweise be-schreibt seine Ressourcenkategorie der Werte mit dem „Wissen um den Lebenssinn"[287]. Daran wird deutlich, dass allen drei Kate-gorien des Kohärenzgefühls Ressourcen als zentrales Element zugrunde liegen, auch wenn dies nicht explizit von Antonovsky erwähnt wird.

Wenn man nicht von Antonovsky ausgeht, um die Frage zu klä-ren, ob das Kohärenzgefühl eine Ressource ist, sondern bei den Merkmalen von Ressourcen ansetzt, die in den vorangegangenen Kapiteln herausgearbeitet wurden, ist die Frage meines Erachtens eindeutiger zu beantworten.

Ein wichtiges Kriterium, um Ressourcen herauszufiltern, ist die Frage, ob etwas als hilfreich erlebt und wertgeschätzt wird. Zahl-reiche Studien können die protektiven Auswirkungen des Kohä-renzgefühls belegen[288]. Insofern kann davon ausgegangen werden, dass ein hoher SOC-Wert das genannte Kriterium erfüllt: Betroffene werden einen hohen SOC-Wert als hilfreich erleben, sodass man beim Kohärenzgefühl tatsächlich von einer Ressource, genauer gesagt von einer subjektiven Ressource sprechen kann. Auch nach der Definition von Petzold kann das Kohärenzgefühl als Ressource bezeichnet werden, denn „Ressourcen sind alle erdenklichen Mittel der Hilfe und Unterstützung, (...) mit denen Belastungen, Überforderungssituationen und Krisen bewältigt werden können" [289].

Freilich ist das Kohärenzgefühl dabei eine Art abstrakter Oberbegriff, ebenso wie die drei Komponenten, Gefühl der Handhabbarkeit, Verstehbarkeit und Sinnhaftigkeit abstrakte Oberbegriffe sind. Unter ihnen sind dann konkrete und explizite Ressourcen zusammengefasst.

4.3.7 Zusammenfassung

Es gäbe sicherlich noch eine Menge weiterer Aspekte, mit denen man sich im Rahmen ressourcenorientierter Krisenintervention befassen könnte. Beispielsweise wäre eine tiefergehende Auseinandersetzung mit den physischen Ressourcen interessant [290]. Die wichtigsten Aspekte sind aber in diesem Kapitel ausreichend dargelegt worden.

Als Fazit kann festgehalten werden, dass für die Betreuung von Betroffenen in der peritraumatischen Phase die oben dargestellten Kategorie-Einteilung sowie Eigenschaften von Ressourcen relevant sind – sei es explizit relevant, weil dies direkten Einfluss nimmt auf die Betreuung (beispielsweise die Differenzierung zwischen objektiven und subjektiven Ressourcen) oder implizit, weil sie eine bestimmte Haltung fördern, die einer Krisenintervention dienlich ist (beispielsweise die Unterscheidung zwischen externen und internen Ressourcen).

Die Frage nach der Definition des Ressourcenbegriffes kann in diesem Kapitel zumindest nicht in dem Sinne geklärt werden, dass sich aus dem weiten Feld von Definitionsversuchen, geprägt von unterschiedlichsten Blickwinkeln, wie sie in der Literatur zu finden sind, eine konkrete Definition herausbilden würde. Ob dies überhaupt möglich wäre und, falls ja, ob es dann sinnvoll wäre, soll an dieser Stelle nicht geklärt werden.

Fakt ist aber, dass sich durchaus einige Aspekte herauskristallisiert haben, die eine Annäherung an den Ressourcenbegriff aus der Perspektive der peritraumatischen Krisenintervention ermöglichen. Dabei kann die vielleicht etwas schwammige weil sehr allgemein gehaltene Formulierung von Nestmann, all das als Ressource zu bezeichnen, „was von einer bestimmten Person in einer bestimmten Situation wertgeschätzt wird oder als hilfreich erlebt wird"[291], durchaus als Grundlage dienen. Die Ergänzung der Bezogenheit und die Festlegung des Bezugspunktes durch den Ressourcennutzer selbst hat sich dabei aber als unverzichtbarer Zusatz herausgestellt. Denn erst am zentralen Motiv der Person kann sich entscheiden, ob eine objektive Ressource auch einen subjektiven Wert hat.

Für die Krisenintervention bedeutet dies, dass sie vor allem immer wieder klären muss, was den Bedürfnissen und Motivationen des Klienten dient. Sie darf dabei aber nicht jene Ziele und Motivationen aus den Augen verlieren, die sie als Institution verfolgt und die sie sich auf der Grundlage der Psychotraumatologie zur Aufgabe macht, Menschen nach traumatischen Ereignissen zu begleiten.

[205] Klemenz (2003), S. 9.
[206] Ebd., S. 9.
[207] Ebd., S. 10.
[208] Ebd., S. 52.
[209] Vgl. Hobfoll (1998), S. 45.
[210] Klemenz (2003), S. 54.
[211] Vgl. ebd., S. 54.
[212] Vgl. Hobfoll (2004), S. 57.
[213] Vgl. Klemenz (2003), S. 54.
[214] Ebd., S. 54.
[215] Ebd., S. 54.
[216] Vgl. ebd., S. 55.
[217] Vgl.ebd., S. 57.
[218] Nestmann (1996), S. 361f.
[219] Ebd., S. 362.
[220] Ebd., S. 365.
[221] Vgl. Klemenz (2003), S. 59.
[222] Petzold (2007), S. 289.
[223] Ebd., S. 290.
[224] Ebd., S. 307.
[225] Ebd., S. 290.
[226] Vgl. ebd., S. 291.
[227] Vgl. ders. (1985), S. 337f.
[228] Vgl. Klemenz (2003), S. 62.
[229] Vgl. ebd., S. 63.
[230] Ebd., S. 64.
[231] Vgl. Willutzki (2003), S. 91.
[232] Vgl. auch Antonovsky & Franke (1997), S. 30.
[233] Ebd., S. 23.
[234] Ebd., S. 23.
[235] Ebd., S. 23.
[236] Vgl. ebd., S. 24.
[237] Vgl. Bengel et al. (1998), S. 32.
[238] Vgl. Antonovsky & Franke (1997), S. 30.
[239] Ebd., S. 27.
[240] Antonovsky, zitiert nach Bengel et al. (1998), S. 32f.
[241] Ebd., S. 33.
[242] Antonovsky & Franke (1997), S. 26.
[243] Ebd., S. 26.
[244] Vgl. Lasogga & Gasch (2008a), S. 64.
[245] Becker (2009), S. 31f.
[246] Antonovsky (1979), S. 10; Übersetzung: „(…) eine grundlegende Lebenseinstellung, die ausdrückt, in welchem Ausmaß jemand ein alles durchdringendes, überdauerndes und zugleich dynamisches Gefühl der Zuversicht hat, dass seine innere und äußere Erfahrenswelt vorhersagbar ist und eine hohe Wahrscheinlichkeit besteht, dass sich die Angelegenheiten so gut entwickeln, wie man vernünftigerweise erwarten kann." (aus: Bengel et al. (1998), S. 29).
[247] Vgl. Antonovsky & Franke (1997), S. 34.
[248] Reimann & Hammelstein (2006), S. 16.
[249] Bengel et al. (1998), S. 29.
[250] Ebd., S. 29.
[251] Ebd., S. 29.
[252] Vgl. ebd., S. 29 oder Reimann & Hammelstein (2006), S. 16.
[253] Vgl. Antonovsky & Franke (1997), S. 35, Jork (2006), S. 18 oder Bengel et al. (1998), S. 30.
[254] Ebd., S. 30.
[255] Vgl. Waller (2006), S. 22.

[256] Vgl. Bengel et al. (1998), S. 31 oder Jork (2006), S. 18.

[257] Vgl. Bengel et al. (1998), S. 34.

[258] Vgl. ebd., S. 34 oder Jork (2006), S. 19.

[259] Vgl. Nyberg et al. (2000).

[260] Hausmann (2006), S. 80.

[261] Vgl. ebd., S. 80.

[262] Vgl. Maercker (1998), S. 341-350.

[263] Hausmann (2006), S. 81.

[264] Vgl. ebd., S. 81.

[265] Vgl. ebd., S. 81.

[266] Ebd., S. 81.

[267] Antonovsky (1979), S. 188; zitiert aus: Antonovsky & Franke (1997), S. 114.

[268] Ebd., S. 117.

[269] Ebd., S. 118.

[270] Vgl. ebd., S. 118f.

[271] Ebd., S. 119.

[272] Willutzki (2003), S. 95.

[273] Nestmann (1996), S. 362, siehe auch Kapitel 4.1.2 dieser Arbeit.

[274] Jerusalem (1990), S. 28.

[275] Schaller & Schemmel (2003), S. 587.

[276] Ein treffendes und in der Praxis relevantes Beispiel ist das Abschiednehmen von einem Leichnam; vgl. dazu Kapitel 5.1.6.

[277] Willutzki (2003), S. 101.

[278] Vgl. Becker (2006), S. 133.

[279] Vgl. ebd., S. 137f.

[280] Vgl. zur sozialen Dimension von Verarbeitungs- und Selbstheilungsversuchen nach Traumatisierungen Fischer & Riedesser (2003), S. 63f.

[281] Vgl. Jerusalem (1990), S. 29f oder Willutzki (2003), S. 103.

[282] Becker (2006), S. 137.

[283] Vgl. ebd., S. 139.

[284] Vgl. Gerdes & Weis (2000), S. 62.

[285] Vgl. Hausmann (2006), S. 79.

[286] Vgl. Antonovsky (1979), S. 10 oder Bengel et al. (1998), S. 30.

[287] Petzold (1985), S. 338; vgl. auch Kapitel 4.1.3.

[288] Vgl. Gerdes & Weis (2000), S. 62.

[289] Petzold (2007), S. 290.

[290] Vgl. auch Becker (2006), S. 166f.

[291] Nestmann (1996), S. 362.

5 Ressourcenorientierung in der peritraumatischen Krisenintervention

In diesem Kapitel werden jene Elemente unter Berücksichtigung der im Kapitel 4 beschriebenen Aspekte herausgearbeitet, die für die peritraumatische Krisenintervention von Bedeutung sind. Die Frage lautet also: Durch welche konkreten Maßnahmen kann Krisenintervention in der peritraumatischen Situation Betroffene unterstützen und wie können die Erkenntnisse aus der Ressourcenforschung dabei hilfreich sein?

5.1 Elemente peritraumatischer Krisenintervention

Bei der folgenden Beschreibung handelt es sich sicherlich nicht um eine erschöpfende Aufzählung der Maßnahmen innerhalb eines KIT-Einsatzes, was ja allein deswegen schon nicht möglich ist, da sich die Betreuung am Klienten ausrichtet und deswegen auch immer wieder ganz individuelle Maßnahmen erforderlich sind. Die folgende Aufzählung bezieht sich auf die wichtigsten Elemente einer KIT-Betreuung, die immer wieder in der Arbeit mit Betroffenen begegnen, im Bewusstsein, dass andere Elemente an dieser Stelle ebenfalls erwähnenswert gewesen wären.

Bis heute sind Untersuchungen im peritraumatischen Bereich selten[1]. Um die Ergebnisse dieses Kapitels dennoch mit den bisherigen Erfahrungen aus der Praxis der Krisenintervention im Rettungsdienst zu verbinden, wird auf eine Pilot-Studie zurückgegriffen, die im Jahr 2000 an der Ludwig-Maximilians-Universität im Rahmen einer Diplomarbeit erstellt wurde. Dabei sollte die Qualität der KIT-Einsätze abgefragt und herausgearbeitet werden, was die betreuten Personen an der Betreuung schätzten und was sie eher als wenig hilfreich oder sogar störend empfunden haben[2].

In dieser Studie wurden die Probanden danach befragt, wie sie die Intervention durch das KIT München erlebt hatten. Die Studienteilnehmer waren zum Zeitpunkt der Betreuung zwischen 18 und 65 Jahre alt und stammen aus dem Stadtgebiet München. Entweder waren die befragten Personen Hinterbliebene eines Verstorbenen (natürlicher Tod, Tod durch Suizid, Plötzlicher Säuglingstod) oder Opfer von Gewalttaten beziehungsweise Unfällen (inkl. Mitarbeiter der Deutschen Bahn oder des Münchner Verkehrs-Verbundes nach Personenunfall im Gleisbereich). Die Studie, die von August 1999 bis Februar 2000 durchgeführt wurde, berücksichtigte die Ergebnisse aus Befragung von 38 vom KIT betreuten Personen[3].

Um die Quellenlage zu erweitern, wird dabei auch berücksichtigt, was in einer Studie von Nyberg et al. (2000) über die psychische Betreuung von Opfern von Verkehrsunfällen herausgefunden wurde. Die Situation von Verletzten und Unverletzten nach einer Traumatisierung ist dabei sicherlich nicht gleichzusetzen; und dennoch ist die Situation in manchen Punkten ähnlich (etwa im Gefühl der Hilflosigkeit), sodass das Heranziehen dieser Studie gerechtfertigt scheint.

5.1.1 Notfallmanagement

Da Notfallsituationen mitunter sehr komplex sein können, was für direkte und indirekte Notfallopfer potentiell belastend ist, ist es Aufgabe eines Psychosozialen Notfallhelfers, die Komplexität der Situation für den Betroffenen so weit wie möglich zu reduzieren. Dazu gehört beispielsweise, den Kontakt mit anderen (fremden) Personen (Einsatzkräften, Personen anderer Berufsgruppen (Presse, etc.) sowie Umstehende) auf das Nötigste, oder besser gesagt: auf ein hilfreiches Maß zu senken.

Der Kontakt mit Einsatzkräften sollte insofern begrenzt sein, wie es in der Notfallsituation sinnvoll und wichtig ist. Dazu gehören etwa die Behandlung von Verletzungen sowie notwendige medizinische Maßnahmen. Ebenso können Zeugenaussagen und Befragungen durch die Polizei notwendig sein, die für etwaige Fahndungsmaßnahmen (z. B. nach Gewaltverbrechen) etc. von Bedeutung sind. Alles, was nicht unbedingt nötig ist, was aber den Betroffenen eher belasten könnte, sollte unterlassen werden. Der Mitarbeiter der Krisenintervention tritt in solchen Situationen als „Anwalt" auf, der die Bedürfnisse des Betroffenen im Auge behält und gegebenenfalls für ihn Partei ergreift – durchaus auch gegenüber Polizeibeamten, falls bestimmte polizeiliche Maßnahmen in einer Situation unangebracht erscheinen und nicht etwa ein anderes Gut gefährdet ist (vgl. Fallbeispiel 2 in Kapitel 2.1.1).

Durch die Verringerung der Komplexität der Situation am Notfallort kann es dem Betroffenen nach und nach wieder gelingen, sich der ihm gestellten Anforderungen wieder gewachsen zu fühlen, was in länger anhaltenden unübersichtlichen Situationen schwer bis unmöglich ist. Notfallmanagement steigert also das Gefühl der Handhabbarkeit. Betroffene berichten davon, dass sie es als hilfreich empfunden haben, Ruhe zu finden. Auch das Abschirmen vor Einsatzpersonal wird durchaus als Unterstützung beschrieben: „Er schirmte mich vor der Polizei und den Gerichtsmedizinern ab, damit ich erst mal Ruhe finden konnte."[4] Oder: „Er schirmte mich vorm Grenzschutz und vor der Polizei ab. Das war sehr gut und unterstützend."[5]

Zum Notfallmanagement gehört auch die Gestaltung des Setting. Betroffene sind in der peritraumatischen Phase manchmal nicht in der Lage, selbst einen sie unterstützenden Rahmen für die Situation zu schaffen. Dies kann natürlich am eingeschränkten Wahrnehmungsvermögen psychisch traumatisierter Menschen und der oftmals empfundenen Unfähigkeit zu handeln liegen. Hinzu können aber sicherlich auch Faktoren kommen wie die Unsicherheit, wie man sich an einem Notfallort gegenüber Einsatzkräften verhalten soll usw. Mitarbeiter der Krisenintervention, die sowohl über Kenntnisse der Abläufe und der Dynamiken am Einsatzort, als auch über Kenntnisse der Situation von Traumatisierten verfügen, sollten versuchen, durch vermittelnde Gespräche mit den Einsatzkräften als auch mit den zu betreuenden Personen ein Setting zu schaffen, die beiden Seiten möglichst gerecht wird. Nicht immer ist ein Optimum für den Betroffenen herauszuholen, in den meisten Fällen sollte jedoch eine einigermaßen erträgliche Lösung zu finden sein, sodass dies für den Betroffenen eine entlastende Wirkung hat. Dadurch können fortdauernde Belastungen durch wenig aufwendige Maßnahmen der Gestaltung des Settings vermieden werden. Oftmals kann sich das Setting schon entscheidend ändern, wenn der Betroffene nur wenige Meter vom Notfallort weggeführt wird, vielleicht in einen Nebenraum oder in das Fahrzeug des KIT-Mitarbeiters. Wie hilfreich dies sein kann, zeigt die Aussage eines Betroffenen in der erwähnten Studie: „Ich hätte mir gewünscht, dass er mich vom Unfallort wegbringt, musste die ganze Zeit den Toten sehen."[6] Notfallmanagement bedeutet also, ein Setting zu schaffen und den organisatorischen Ablauf eines Notfalleinsatzes so zu gestalten, sodass der Betroffene nicht weiter einer traumatischen Situation ausgesetzt ist, sondern sich langsam wieder sicher fühlen kann, um so „bei sich selbst anzukommen". Notfallmanagement hat somit als indirekte Ressource vor allem das Ziel, die Ressourcen des Betroffenen wieder verfügbar zu machen, was auch das Gefühl der Handhabbarkeit stärkt. Indem der Betroffene vom meist stark reizüberfluteten Setting des Notfallgeschehens, dem hohes Belastungspotential innewohnt, in ein ruhigeres Setting geführt wird, kann mit dem Gefühl der Sicherheit auch wieder das Vertrauen darauf wachsen, dass Anforderungen, die sich einer Person stellen, auch bewältigt werden können. Wenn der Betroffene anfangs noch nicht selbst dazu in der Lage ist, so kann auch die „Anwaltschaft" des KIT-Mitarbeiters einen großen Anteil leisten, das Gefühl, die Situation bewältigen zu können, zu stärken. Auch in diesem Fall kann im Sinne Antonovskys von der Ressource der Handhabbarkeit gesprochen werden, da nach Antonovsky diese Ressource auch außerhalb des eigenen Verfügungsrahmen liegen kann, indem „andere Personen (...) dabei helfen, Schwierigkeiten zu überwinden."[7]

Durch die Reduzierung der Komplexität der Notfallsituation leistet das **Notfallmanagement** einen Beitrag dafür, dass der Betroffene langsam wieder handlungsfähig wird. Der Psychosoiale Notfallhelfer tritt dabei mitunter auch als „Anwalt" des Klienten auf. Notfallmanagement zielt als indirekte Ressource darauf ab, die Ressourcen des Betroffenen wieder nutzbar zu machen.

5.1.2 Sicherheit vermitteln und Beruhigen

Ein plötzlich über eine Person hereinbrechendes traumatisierendes Ereignis löst Unsicherheit und Unruhe, bisweilen sogar Panik aus. Aufgabe der Krisenintervention ist es, dem entgegenzuwirken, denn „[o]hne Gefühl der Sicherheit sind konstruktive Entwicklungen nicht möglich."[8] Das Gefühl, sich in Sicherheit zu befinden, gehört zu jenen Bedürfnissen, die für Notfallopfer wichtig sind[9]. Insbesondere dann, wenn sich der Betroffene in einer Phase der Reizüberflutung befindet, ist das Beruhigen und Sicherheit Vermitteln ein vorrangiges Ziel der Intervention[10]. Auch bei Untersuchungen von Opfern von Verkehrsunfällen konnte herausgefunden werden, dass entdramatisierende und beruhigende verbale Äußerungen bei den Verunglückten meist positiv aufgenommen wurden[11].

Natürlich gibt es kein „Rezept", das standardmäßig angewendet werden kann, um den Betroffenen zu beruhigen und ihm Sicherheit zu vermitteln. Trotzdem gibt es Maßnahmen, die hilfreich sein können. Neben dem Gestalten eines Settings, das den Betroffenen vor weiteren traumatisierenden Einwirkungen schützt (vgl. Kapitel 5.1.1), gehören dazu etwa ein ruhiges und kompetentes Auftreten des Psychosozialen Notfallhelfers. Wenn der KIT-Mitarbeiter selbst schon Ruhe und Sicherheit ausstrahlt, wird sich beim Opfer leichter ein Gefühl von Sicherheit und Vertrauen einstellen können. Auch Maßnahmen, die die Situation „entschleunigen", etwa langsames Reden des KIT-Mitarbeiters, vermitteln Sicherheit und Ruhe[12]. Kompetentes und ruhiges Auftreten ist oftmals mit der Erfahrung des Betroffenen verbunden, dass im ganzen Chaos einer Notfallsituation, in dem sich viele Rettungskräfte sehr intensiv um die direkten Notfallopfer (also Verunfallte und Verletzte sowie Personen in medizinisch kritischem Zustand) kümmern, nun jemand bei ihnen ist, „der verlässlich präsent bleibt."[13] Dies wird von den betreuten Personen durchaus wertgeschätzt, wie besagte Pilotstudie feststellt. Dort bewerten Aussagen wie „Es war gut, in dieser Situation nicht alleine sein zu müssen"[14] oder „Es war wirklich sehr angenehm, dass eine fremde Person anwesend war"[15] die Präsenz eines KIT-Betreuers, der Zeit für den Betroffenen hat und nur für ihn vor Ort ist, als positiv.

Ein Gefühl von Sicherheit kann auch vermittelt werden durch vorsichtigen und unaufdringlichen Körperkontakt, z. B. durch Halten der Hand etc.[16], aber auch „eine Decke, in die sich das Opfer einwickeln kann, kann ein Gefühl der Sicherheit vermitteln."[17]

Manchmal ist es notwendig, dem Betroffenen explizit zu sagen, dass er sich nun in Sicherheit befindet. Unter Umständen muss dies auch mehrmals wiederholt werden, wenn der Betroffene noch nicht in der Lage ist, es vollständig zu realisieren.

Mit dem Verbringen an einen Ort, der vor belastenden Einwirkungen schützt, mit eventuellem beruhigenden Körperkontakt und dem verbalen Ausdrücken von Sicherheit, erfährt der Betroffene so auf der Ebene mehrerer Sinneseindrücke, dass sich nun langsam wieder Sicherheit einstellt, dass die traumatische Situation beendet ist. Da Notfallopfer oftmals in ihren Sinneswahrnehmungen eingeschränkt sind, ist es von besonderer Bedeutung, möglichst mehrere Sinne anzusprechen, um das Sicherheitsgefühl zu fördern.

Wichtig ist, die Gefühle und Befürchtungen des Betroffenen ernst zu nehmen und in der Betreuung zu berücksichtigen. Befindet sich der Klient in einem Zustand der Unruhe, was sich beispielsweise in hektischem Auf- und Abgehen äußern kann, so kann es durchaus sinnvoll sein, dies zunächst einmal so zuzulassen[18].

Auch wenn es sicherlich gute Gründe gibt, ein unterstützendes Gespräch im Sitzen zu führen, etwa weil beide Gesprächspartner sich dann auf gleicher Höhe befinden und Sitzen ein ruhigeres Setting ist als ein Auf- und Abgehen, so gilt es in erster Linie, ein *angemessenes* Setting zu schaffen. Angemessenes Setting aber richtet sich nicht nach den Gewohnheiten und Ansichten des Beraters, sondern nach den Bedürfnissen des Klienten[19].

Dem Betroffenen Sicherheit zu vermitteln und ihn zu beruhigen ist also vor allem eine indirekte Ressource, die darauf abzielt, das Gefühl der Handhabbarkeit des Betroffenen zu stärken. Erst wenn sich die Situation um ihn herum langsam wieder normalisiert, erst wenn nicht ständig Reize auf den Betroffenen einfluten, kann sich langsam wieder ein Gefühl dafür entwickeln, dass der Betroffene auch über eigene Kräfte verfügt, weswegen es gilt, in diese langsam wieder Vertrauen aufzubauen und sie für die Bewältigung der Situation einzusetzen.

Das Gefühl, sich in **Sicherheit** zu befinden, ist für Notfallopfer wichtig. Ein Setting, das beruhigend auf den Betroffenen einwirkt, sowie ruhiges und kompetentes Auftreten des PSNV-Mitarbeiters kann dies fördern. Dennoch ist es wichtig, die Befürchtungen des Betroffenen ernst zu nehmen. **Beruhigen** ist eine indirekte Ressource, die das Gefühl der Handhabbarkeit stärkt.

5.1.3 Miteinander schweigen

In einer KIT-Betreuung wirken die Betroffenen oftmals sprachlos. Angesichts dessen, was sie gerade erlebt haben, ist dies meist wenig verwunderlich. Die Sprachlosigkeit ist ein Hinweis darauf, das dieses Erlebte etwas „Unaussprechliches" ist: es gibt (noch) keine Worte für den Tod der Ehefrau, des Ehemanns, des Kindes, des Arbeitskollegen. Etwas in Worte fassen zu können bedeutet, es soweit begriffen zu haben, um überhaupt erst Worte dafür finden zu können. In der peritraumatischen Phase ist aber genau dies noch nicht oder nur schwer möglich. Das, was sich ereignet hat, ist noch nicht angekommen, wird vom Betroffenen teilweise sogar verleugnet, da er es nicht wahrhaben will.

So betrachtet ist das Schweigen, oder besser gesagt: das Nicht-über-das-Geschehene-reden-Können Ausdruck des Zustandes, in dem sich der Klient befindet. Ziel der Betreuung ist es, den Klienten aus diesem Zustand heraus zu führen, ihn dabei zu unterstützen, die ersten Worte für das Schreckliche zu finden. Im weiteren Verlauf der Trauer wird es – wenn die Trauer nicht pathologisch verläuft – mehr und mehr Worte geben für das, was anfangs noch unaussprechlich war.

Selbst wenn der KIT-Mitarbeiter weiß, dass es (auch) darum geht, dem Betroffenen aus seiner „Aphasie" heraus zu helfen, ist es wichtig, die Sprachlosigkeit wertzuschätzen. Dies geschieht, indem der Betroffene zunächst in seiner Sprachlosigkeit akzeptiert und die Fassungslosigkeit als normale und adäquate Reaktion auf das erlebte Ereignis anerkannt wird. „Er konnte mit mir auch schweigen"[20], so und ähnlich lauten die Aussagen von der von Krisenintervention betreuter Notfallopfer. „Der Betroffene nimmt durch den Schleier seines Zustandes wahr, dass jemand bei ihm ist. Diese Wahrnehmung gibt ersten Halt und ist wichtig für eine stabile und verlässliche Beziehung, die Grundlage jeder Intervention."[21] Im weiteren Verlauf kann der Begleiter dann nach und nach versuchen, den Betroffenen darin zu unterstützen, das Unsagbare in Worte zu fassen (vgl. Kapitel 5.1.4).

Dabei kann es auch für den Begleiter eine Herausforderung sein, das Schweigen auszuhalten. Es besteht die Versuchung, „die Konfrontation mit der Hilf- und Sprachlosigkeit des Betroffenen durch Aktivitäten oder Fragen zu vermeiden."[22] Denn es ist leichter, irgendetwas zu tun, als tatsächlich die Schwere des Unsagbaren auszuhalten. Diejenigen, die nicht in einer persönlichen Beziehung zu einem Verunglückten oder Verstorbenen stehen, das Personal des Rettungsdienstes, die Polizei oder Augenzeugen, können der Situation ausweichen, indem sie eben tätig werden oder die Situation verlassen. Den Angehörigen steht diese Option in der Regel nicht offen, sie werden von der Wucht der Sprach- und Fassungslosigkeit direkt getroffen. Umso wichtiger ist es, dass der Psychosoziale Notfallhelfer sich dieser Herausforderung stellt, und eben gerade nicht flieht, sondern bei den Betroffenen auch in ihrer Sprachlosigkeit bleibt[23].

Auch das miteinander Schweigen kann als eine indirekte Ressource bezeichnet werden. Sie fördert ein Bewusstsein beim Klienten, dass dieser angenommen ist, selbst in seiner Unfähigkeit, sich verbal auszudrücken. Schweigen akzeptiert die Inadäquatheit jeglichen Tuns und Sprechens in einer Situation, in der es kein adäquates Handeln und Sprechen gibt. Somit ist das Aushalten des Schweigens bereits ein erster Schritt in Richtung, das Unfassbare zu begreifen und zu verstehen, wenn es auch nur das Begreifen der Unbegreiflichkeit ist.

Miteinander schweigen bedeutet, sich der Sprachlosigkeit der Notfallsituation zu stellen. Auch für den Psychosozialen Notfallhelfer kann dies schwierig sein. Dennoch ist Schweigen eine indirekte Ressource, die dem Betroffenen deutlich macht, dass er auch in seiner Unfähigkeit, sich auszudrücken, angenommen ist.

5.1.4 Zuhören

Verglichen mit anderen Einsatzkräften hat der Mitarbeiter der Krisenintervention durchaus besondere Möglichkeiten, sich gegenüber betroffenen Personen zu verhalten. Während andere Einsatzkräfte in der Regel zielgerichtet und direkt mit Betroffenen umgehen, also beispielsweise zielgerichtet Informationen erfragen oder direkte Anweisungen geben, hat der Mitarbeiter der Krisenintervention den „Luxus", in weiten Teilen der Betreuung seinem Gegenüber im Gespräch dorthin folgen zu können, wo dieser sich tatsächlich in seiner Gedanken- und Gefühlswelt befindet. Natürlich gibt es in allen Phasen der Betreuung immer wieder Momente, in denen der KIT-Mitarbeiter das Gespräch führt, mitunter sogar in direktiven Anweisungen, falls dies das Einsatzgeschehen erfordert (Etwa: „Herr X, wir müssen nun den Raum verlassen, damit der Arzt von der Gerichtsmedizin die notwendigen Untersuchungen machen kann.").

Aber ebenso wichtig ist es, den Betroffenen zu ermutigen, das zu erzählen, was ihn beschäftigt. Verschiedene Studien konnten nachweisen, dass dies wichtig ist, um Spannungen abzubauen[24]. „Von Bedeutung ist dabei, dass ein Patient den Eindruck gewinnt, dass ihm jemand aufmerksam zuhört und dass seine Aussagen ernst genommen werden."[25] Zuhören bedeutet also keineswegs das einfache Aufnehmen von Informationen, die ein anderer offenbart. Zuhören in der Krisenintervention bedeutet „aktives Zuhören", eine Form der Gesprächsführung, die Carl Rogers postuliert hat. Ausgehend von der Grundannahme, dass es neben der Sachebene, auf der Informationen ausgetauscht werden, auch noch andere Ebenen gibt, nämlich die Beziehungs-, die Selbstoffenbarungs- und die Appellebene[26], versucht aktives Zuhören, „möglichst alle Aspekte einer Nachricht, aber insbesondere die Selbstoffenbarungsseite herauszuhören."[27] Die Selbstoffenbarung ist deswegen von Bedeutung, weil sie die Dinge aus der Sicht der betroffenen Person beschreibt. In der Betreuung ist nicht die Sichtweise des KIT-Mitarbeiters, des „Experten in Krisensituationen", oder einer anderen Person entscheidend, sondern die des Notfallopfers, denn diese ist es, die für den Betroffenen real ist.

„Wenn sich also jemand in einer Unfallsituation vor allem darum Sorgen macht, wer jetzt das Treppenhaus reinigt, so ist dieses Thema für ihn momentan von zentraler Bedeutung"[28]. Das bedeutet natürlich nicht, dass nun der Psychosoziale Notfallhelfer umgehend das Treppenhaus reinigen muss, weil er damit eine Sorge des Betroffenen aus der Welt schaffen könnte (dann hätte der Mitarbeiter der Krisenintervention nur die Sachebene der Aussage zur Kenntnis genommen, was manchmal, aber nicht immer, durchaus notwendig und sinnvoll sein kann).

Vielmehr ist es angebracht, diese Aussage nicht leichtfertig als „unwichtig" abzutun, sondern zu versuchen, zu begreifen, welches Anliegen „zwischen den Zeilen" angesprochen wird. Vielleicht stammt diese Aussage von einem Mann, dessen Partnerin bei einem Treppensturz schwer verletzt worden ist; ein blutverschmiertes Treppenhaus kann dann bei ihm durchaus das Bedürfnis auslösen, die Verschmutzung schnellstmöglich zu beseitigen, möglicherweise, weil er zeitlebens darum bemüht war, niemandem zur Last zu fallen und es ihm unangenehm wäre, wenn die Nachbarn die Reinigung übernehmen würden. Die Sorge um das Treppenhaus könnte aber genauso gut der Versuch sein, irgendetwas zu tun, nachdem er in der Notfallsituation selbst kaum etwas zur Versorgung seiner Frau hatte beitragen können, da dies ja die „Profis" vom Rettungsdienst übernommen hatten. Aufgabe des KIT-Mitarbeiters ist es, dies mit dem Betroffenen herauszuarbeiten, um dann adäquat und nicht etwa vorschnell zu handeln. Möglicherweise putzen beide dann gemeinsam das Treppenhaus, oder es wird im Gespräch thematisiert, dass es schwer auszuhalten ist, derzeit nichts für die Partnerin tun zu können. Um herauszufinden, was zwischen den Zeilen ausgedrückt wird, muss der Mitarbeiter der Krisenintervention sich darauf einlassen, den Betroffenen zum Erzählen zu ermuntern und ihm dabei (aktiv) zuzuhören. Eine Teilnehmerin der Studie berichtet: „Auf der Heimfahrt redete ich auch über meine Mutter, es war gut, weil auch ein Fremder an mir und meiner Mutter echtes Interesse zeigte."[29]

Dabei überlässt er seinem Gegenüber sowohl die Gesprächsthemen, als auch die Tiefe und die Geschwindigkeit des Erzählens, unterstützt ihn aber gelegentlich durch behutsames Nachfragen.

Er respektiert ihn dabei als eine Person, die ernst zu nehmen ist, ganz egal, was in ihr vorgeht und wie „eigenartig" deren Gedanken auch sein mögen. Menschen, die ein traumatisches Ereignis erlebt haben, können manchmal durchaus über ihre Gedanken erschrecken oder sich dafür schämen („Jetzt rede ich hier über die Reinigung des Treppenhauses, obwohl meine Frau vielleicht gerade jetzt stirbt!"). Und gerade dann ist es wichtig, dass ihnen jemand signalisiert, dass es in Ordnung ist, solche Gedanken zu haben und dass es normal ist, dass das eigene Denken irritieren kann. Denn nur allzu oft müssen Menschen in diesen Situationen die Erfahrung machen, dass sie auf andere Personen (auf Umstehende, aber auch auf Einsatzkräfte) irritierend wirken, was oft damit verbunden ist, dem Betroffenen auszuweichen und ihn zu meiden. Dies trägt aber auf keinen Fall zur Verbesserung der Situation bei, sondern verschlechtert diese sogar. Um so wichtiger ist es, dem Betroffenen deutlich zu machen, dass er mit all seinem Denken und Fühlen angenommen ist, ohne bewertet und damit verurteilt zu werden.

Krisenintervention kann damit einen wichtigen Beitrag leisten, die Befremdung über die eigene Person beim Betroffenen einzugrenzen und ihn zu stärken, zu all seinen Gedanken und Gefühlen zu stehen und sie ernst zu nehmen, so verwirrend sie auch sein mögen. Dies stärkt das Vertrauen in die eigene Person, was eine wichtige Voraussetzung dafür ist, personale Ressourcen überhaupt erst in Anspruch nehmen zu können. Zudem ermutigt die positive Erfahrung des „Sich-angenommen-Fühlens", sich an das soziale Netz zu wenden und auf die Umweltressourcen zuzugreifen, auch dann, wenn man sich selbst fremd vorkommt.

Durch Zuhören kann der Psychosoziale Notfallhelfer dem Betroffenen auch dabei helfen, den ersten Schritt zur Verarbeitung zu tun. „Zu einer erfolgreichen Verarbeitung des traumatischen Geschehens gehört, dass die Geschichte, die man erlebt hat, erzählbar wird."[30] Durch das Erzählen entsteht die Möglichkeit, die vielleicht bruchstückhaften Erinnerungen an die Notfallsituation zu einem sinnvollen Ganzen aufzureihen. Durch das In-Worte-Fassen können die sensorischen Bruchstücke in das autobiografische Gedächtnis integriert werden[31]. Zuhören soll dabei nicht

Grübeln fördern, also ein Nachdenken darüber, „was gewesen wäre, wenn…", sondern es soll ein Nachdenken ermöglichen, das ins Bewusstsein verankert, wie es tatsächlich gewesen ist[32]. So trägt Krisenintervention dazu bei, beim Klienten ein Gefühl der Verstehbarkeit zu fördern. Dieses Gefühl kann nicht von außen „implantiert" werden, aber durch ein Zuhören, dass das Erzählen fördert, kann indirekt ein wichtiger Beitrag dazu geleistet werden.

Zuhören ist mehr als Aufnahme von Informationen. Es drückt Wertschätzung aus und zeigt dem Betroffenen, dass er ernst genommen wird. Durch aktives Zuhören bemüht sich der Mitarbeiter der Krisenintervention, die Bedürfnisse, die hinter den Aussagen des Betroffenen stecken, zu erkennen. Zuhören unterstützt zudem dabei, das traumatische Ereignis erzählbar zu machen. Damit leistet Zuhören einen Beitrag zur Verstehbarkeit der Situation.

5.1.5 Gefühle und Emotionen

Gefühle und Emotionen beeinflussen den Menschen auf vielfältige Weise. Sie wirken sowohl auf den Körper ein, ebenso auf die Wahrnehmung und Kognition[33]. Sie deuten an, dass eine Person betroffen und beteiligt ist: „Wenn mich etwas nichts angeht, wenn es mich kalt lässt, wenn ich mich nicht angesprochen fühle, wenn ich etwas nicht ernst nehme: dann gibt es keine Emotionen."[34] Ebenso sind Emotionen ein Teil der Erkenntnis. Würde man nur auf der kognitiven Ebene erkennen, wäre dies lediglich ein Aufnehmen von Informationen.

Verliert ein Mensch einen nahen Verwandten, wäre dieses Ereignis aber noch nicht begriffen, wenn zur kognitiven Erkenntnis dieses Ereignisses nicht auch ein Gefühl des Verlusts und der Trauer hinzu kämen, „denn es qualifiziert das Ereignis. Ohne qualitative Eigenschaften, ohne qualitative Bedeutungszuschreibung wären Erkennen, Sich-Orientieren und Verstehen unmöglich."[35] Die emotionalen Anteile des Erlebens sind also von großer Bedeutung, zum einen weil sie einen großen Einfluss auf Körper, Wahrnehmung und Kognition haben, zum anderen, weil sie eine wichtige Funktion in der Qualifizierung des Erlebens einnehmen.

In der Krisenintervention haben Gefühle und Emotionen deshalb ebenfalls eine herausragende Rolle.

Vorauszusagen, welche emotionalen Reaktionen auf ein bestimmtes Ereignis folgen, ist dabei schwierig. Bei der Betreuung von Angehörigen nach dem plötzlichen Tod eines Familienmitglieds wird man zwar häufig mit weinenden Betroffenen konfrontiert sein. Genauso gut ist es aber auch möglich, ganz andere, vielleicht auch unerwartete Reaktionen auf einen Todesfall zu erleben: Wut auf den Verstorbenen, Verzweiflung, Abneigung, Gelassenheit, emotionale Distanz, etc.

Dies kann zum einen mit der Persönlichkeit und der Rolle des Betroffenen zusammenhängen. Ein Vater von zwei 9 und 12 Jahre alten Kindern, dessen Ehefrau im Schlaf überraschend gestorben war, verhielt sich während der Befragung durch die Polizei und vor seinen beiden Kindern sehr sachlich. Vielleicht wollte er gegenüber seinen Kindern Tränen nicht zu lassen, um Stärke zu signalisieren; vielleicht schämte er sich, vor fremden Personen zu weinen. Wenn er sich aber im Garten aufhielt und mit Angehörigen sprach, die sich telefonisch bei ihm gemeldet hatten, konnte er es zulassen zu weinen. Die Rolle, in der sich eine Person befindet, hat also einen wichtigen Einfluss auf das emotionale Verhalten.

Zum anderen ist das emotionale Verhalten auch abhängig von der Phase im Trauer- und Realisierungsprozess, in dem sich der Betroffene gerade befindet. In einer Phase, in der das Erlebte verleugnet wird, werden emotionale Regungen, die Traurigkeit ausdrücken eher ausbleiben.

Ein Mitarbeiter der Krisenintervention sollte darüber Bescheid wissen, dass eine ganze Bandbreite an emotionalen Ausdrucksweisen möglich ist. Oftmals sind Betroffene darüber erschreckt, dass sie zwar gerade den Ehepartner verloren haben, aber nicht in der Lage sind, den Verlust zu beweinen. So kann der Psychosoziale Notfallhelfer für Entlastung sorgen, indem er dem Betroffenen zusichert, dass es durchaus normal ist, andere Emotionen als die „erwarteten" zu empfinden und diese auch zuzulassen (gerade Wut wirkt nach dem Sterben eines Menschen für viele pietätlos; Fakt ist aber, dass auch diese Emotion von Hinterbliebenen empfunden wird. So befremdlich dieses Gefühl einem auch erscheinen mag, ist es hilfreich und wichtig, die ganze Bandbreite an empfundenen Gefühlen zuzulassen).

Ebenso wichtig wie das Zulassen einzelner Emotionen ist das Akzeptieren der Tatsache, dass manchmal auch keine Emotionen zu spüren sind. Dies hängt damit zusammen, dass es in akuten Belastungsreaktionen zu einer weitgehenden Trennung der Kognition und Emotion kommen kann[36], sodass beispielsweise ein Unfallverursacher nach einem Verkehrsunfall mit mehreren Toten scheinbar „cool" über den Unfallhergang berichten kann, ohne auch nur irgendwelche Emotionen erkennen zu lassen.

Hat der Psychosoziale Notfallhelfer den Eindruck, dass beim Betroffenen Gefühle vorherrschen, die ihn belasten – z. B. Scham, Schuldgefühle, etc. – so sollte dies behutsam angesprochen werden. Der Begleiter ist sicherlich nicht dazu da, etwa von Schuldgefühlen frei zu sprechen (zumal Schuldgefühle manchmal auch auf tatsächlicher Schuld beruhen). Aber es kann schon als entlastend erfahren werden, wenn der Betroffene spürt, dass diese Gefühle auch da sein dürfen. Vielleicht kann der weitere Verlauf der Betreuung ja auch insofern belastende Gefühle „korrigieren", wenn der Betroffene sie im Gespräch als unberechtigt erkennt. Dies muss aber vom Betroffenen ausgehen; der Begleiter sollte lediglich falsche Tatsachen behutsam korrigieren (beispielsweise, wenn der Betroffene annimmt, einen Leblosen nicht fachgerecht reanimiert und so das Versterben eines Menschen mitverschuldet zu haben; besteht beispielsweise der Verdacht, dass der Verstorbene an einem Bauchaortenaneyrisma gestorben ist, so kann dies eine entlastende Information sein, da in diesem Fall eine Reanimation die lebensbedrohliche innere Blutung nicht kompensieren kann).

Durch die psychosoziale Betreuung soll dem Betroffenen Unterstützung darin geleistet werden, seine Gefühle zu erkennen und sie in ihrer Bandbreite auch anzunehmen. Aufklärung darüber, dass es eine normale Reaktion auf ein unnormales Ereignis ist, wenn erlebte Gefühle auf den Betroffenen befremdlich wirken, fördert das Gefühl der Handhabbarkeit, indem der Klient seine Bemühungen darauf richten kann, seine erlebten Gefühle zu integrieren, anstatt befremdliche Gefühle zu bekämpfen. Als unpassend empfundene Gefühle zu eliminieren wäre ein Bemühen, das einer gesunden Verarbeitung des erlebten Traumas entgegenstehen würde. Vielmehr sollten die vorherrschenden Gefühle als „Material" betrachtet werden, mit denen es zu arbeiten gilt. Selbst Schuldgefühle, die aus objektiver Sicht keine sinnvolle Grundlage haben, dürfen nicht einfach weggewischt werden. Stattdessen sollte herausgearbeitet werden, woher diese Gefühle kommen. Diese Arbeit *mit* den Gefühlen ist in der Regel erfolgsversprechender als die Arbeit *gegen* die Gefühle. Insofern ist eine Hilfe durch den KIT-Mitarbeiter, diese Gefühle einordnen und annehmen zu können, eine Unterstützung bezüglich des Gefühls der Handhabbarkeit und der Verstehbarkeit.

Gefühle und **Emotionen** begleiten die gesamte Betreuung. Ihre Thematisierung ist ein Beitrag, das Geschehene besser einordnen zu können. Der Psychosoziale Notfallhelfer unterstützt den Betroffenen darin, dass möglichst alle Gefühle – auch die scheinbar „unpassenden" – ihren Platz und ihre Berechtigung haben. Für den Betreuenden sind Gefühle eine Art „Material", mit der er in der Betreuung arbeiten kann.

5.1.6 Abschiednahme von Verstorbenen

Die „Abschiednahme" von einem Verstorbenen bedeutet, den Verwandten und Freunden Zeit einzuräumen, um dem Verstorbenen noch einige persönliche Worte zu sagen, ihn nochmals zu berühren, zu streicheln oder in den Arm zu nehmen, und ihm vielleicht den Segen mit auf den Weg zu geben. Vieles, was zum Abschied zwischen Lebenden gehört ist auch bei der Abschiednahme von einem Toten denkbar. Dies kann entweder am Notfallort geschehen, ist aber in der Regel bis zur Beerdigung möglich (und sogar darüber hinaus).

Wenn Hinterbliebene zu betreuen sind, ist es wichtig, im Verlauf der Intervention das Abschiednehmen vom Leichnam zu thematisieren. Die Erfahrung zeigt, dass es meist hilfreich ist, wenn Angehörige oder Freunde sich vom Verstorbenen verabschieden.

Gerade dann, wenn der Tod unerwartet eingetreten ist, beklagen die Zurückbleibenden später oft, dass sie sich noch nicht einmal verabschieden konnten. Den Trauernden dann eine Möglichkeit des Abschiedes zu eröffnen, kann ein wichtiges Element der Intervention sein. Ebenso kann das Abschiednehmen einen Übergang darstellen. Ein älteres Ehepaar beispielsweise hatte den Tag bei einem gemeinsamen Ausflug verbracht. Auf der Rückreise erlitt der Ehemann im Zug einen tödlichen Herzinfarkt. Der Kontrast zwischen den letzten unbeschwerten Stunden als Ehepaar und den ersten Stunden als Witwe kann nicht wirklich nennenswert abgemildert werden. Das Abschiednehmen vom Verstorbenen kann aber insofern eine Hilfe sein, wenn es zu einem „Bindeglied" zwischen diesen beiden Situationen wird. Es ermöglicht einen ersten Schritt in die Rolle als Witwe hinein, da es hilft, das Geschehene (im wahrsten Sinne des Wortes) zu be-*greifen*.

Ob eine Abschiednahme möglich ist, hängt von verschiedenen Gegebenheiten ab. So ist es etwa von Bedeutung, ob die Leiche vor Ort ist oder mehrere tausend Kilometer weit weg oder unter Umständen überhaupt nicht auffindbar ist (etwa nach einem Flugzeugabsturz o. ä.). Auch anstehende polizeiliche Maßnahmen können eine Abschiednahme beeinflussen oder zunächst verunmöglichen (liegt beispielsweise eine unklare oder gar unnatürliche Todesursache vor, schaltet sich automatisch die Kriminalpolizei ein; ein Abschiednehmen vor Ort kann dann nur nach Zustimmung durch die Polizei erfolgen).

Das Angebot, sich vom Toten zu verabschieden, wird manchmal – meist von Außenstehenden – mit Skepsis aufgenommen. Die Floskel „Behalte deinen Mann (oder deine Frau/ dein Kind/ …) so in Erinnerung, wie er zu Lebzeiten war" scheint zunächst durchaus plausibel zu sein. Dahinter steht der Versuch, den Betroffenen zu schützen und ihm dadurch etwas Gutes zu tun. „Erst später im Verlauf der Trauer – und dann zu spät – wird deutlich, dass es für einen Trauernden geradezu paradox ist, den geliebten Toten ausschließlich als Lebenden in Erinnerung behalten zu müssen."[37] Viele Hinterbliebene berichten, dass sie es im Nachhinein als wichtig empfinden, sich trotz der eigenen Skepsis vom Toten verabschiedet zu haben. Aufgabe des Psychosozialen Notfallhelfers ist es, das Angebot zu machen und abzuschätzen, ob ein Verneinen aus der Unsicherheit des Betroffenen heraus erfolgt oder ob es eine wirkliche Ablehnung ist. Maßstab ist auch hier der Wunsch des Betroffenen; eine erzwungene Abschiednahme ist sicherlich wenig hilfreich, vermutlich sogar schädlich.

Wenn sich auch nach und nach die Wichtigkeit des Abschiednehmens bei Einsatzkräften herumgesprochen hat und der Wunsch von Angehörigen heute in der Regel unterstützt wird, so zögern viele in jenen Fällen, eine Abschiednahme anzuregen, in denen der Leichnam entstellt ist (etwa nach einem Unfall). In ganz seltenen Fällen, so die Erfahrung aus der Praxis, ist eine Abschiednahme wirklich nicht zu empfehlen (etwa bei starken Verbrennungen oder fortgeschrittener Verwesung). In den übrigen Fällen kann aber der Maßstab sein, „dass ein Abschiednehmen dann und so lange verantwortbar bleibt, wie der Leichnam Züge unverwechselbarer Individualität trägt"[38].

Meist ist es das Motiv der „Schonung", einem Angehörigen den Anblick des Leichnams zu verweigern. Dass dem Angehörigen, der den Verstorbenen unbedingt sehen möchte, dabei deutlich mehr zugemutet wird, auch hinsichtlich des weiteren Verlaufs seiner Trauer, wird dabei ausgeblendet. „Viele Hinterbliebene, die von Angehörigen Abschied genommen haben, der durch Verletzungen zu Tode gekommen ist, bestätigen uns, dass sie ihren Angehörigen nicht unter ästhetischen Kriterien betrachtet hätten. Für sie gilt nicht die Unterscheidung von ‚schönem' oder ‚weniger schönem', gar ‚entstelltem' Leichnam, sondern allein die Tatsache, dass sie den geliebten Angehörigen zum letzten Mal haben sehen können."[39]

Der Mitarbeiter der PSNV bereitet die Abschiednahme vor; dies beinhaltet die Absprachen mit anderen Einsatzkräften ebenso wie das Schaffen eines würdigen Rahmens (soweit dies am Notfallort möglich ist). Auch ist es wichtig, den Hinterbliebenen darauf vorzubereiten, was ihn erwartet („Ihr Sohn liegt im Zimmer nebenan. Er ist bis zum Hals zugedeckt und hat einige Wunden auch im Gesicht."). Bei der Abschiednahme ist der Kriseninterventionsmitarbeiter auf jeden Fall in der Nähe. Wenn der Betroffene wünscht, alleine zu sein, so ist diesem Wunsch ebenso nachzukommen wie der Wunsch, den PSNV-Mitarbeiter beim Abschiednehmen zur Seite zu haben.

Aus ressourcenorientierter Perspektive kann Krisenintervention durch das Ermutigen zur und Ermöglichen der Abschiednahme in verschiedener Hinsicht Unterstützung bieten. Zunächst kann sie im Wissen um die objektive Ressource „Abschiednahme"[40] den Klienten auf die Chancen und Sinnhaftigkeit des Abschiednehmens aufmerksam machen und – wenn nicht gerade ernsthafte Gründe vorliegen, die dagegen sprechen – motivieren, diese wahrzunehmen. Geschieht dies behutsam und werden die Ängste des Betroffenen ernst genommen, kann die Abschiednahme eine subjektive Ressource werden, die kurzfristig das Begreifen und Verstehen, langfristig einen gesunden Prozess der Trauerverarbeitung fördert.

Gelingt es, dass der Klient das Abschiednehmen als Ressource wertet, die ihn in seinen Bedürfnissen unterstützt, so ist dies vor allem hinsichtlich des Gefühls der Verstehbarkeit eine wichtige Hilfe.

Indem der erfahrene KIT-Mitarbeiter ein würdiges Setting schafft und gegebenenfalls mit der Polizei hilfreiche organisatorische Absprachen trifft (bezüglich ausreichender Zeit, usw.), den Klienten in adäquater Weise vorbereitet und ihn während der Abschiednahme begleitet, kann der KIT-Mitarbeiter selbst zu einer wichtigen Ressource des Betroffenen werden, indem er sein Wissen und Können in den Dienst einer würdigen Verabschiedung stellt.

Abschiednahme vom Verstorbenen ist ein erster Schritt hin zum be-*greifen* dessen, was so schwer fällt zu glauben. Manchmal versuchen Umstehende, den Betroffenen vor einer Abschiednahme zu „beschützen". Dennoch zeigt die Erfahrung, dass ein gut begleitetes Abschiednehmen in aller Regel hilfreich und sogar förderlich ist, da es das Gefühl der Verstehbarkeit entwickelten hilft.

5.1.7 Informieren

Das Erhalten von Informationen kann für Betroffene aus verschiedener Hinsicht von Bedeutung sein. Als Teil des Rettungspersonals hat der Psychosoziale Notfallhelfer die Möglichkeit, Informationen zu beschaffen, und als Ansprechpartner des Betroffenen kann und sollte er seinem Gegenüber Informationen in adäquater Weise zur Verfügung stellen. „Dabei sollte der Psychosoziale Notfallhelfer nicht von sich aus zunächst viele Informationen geben, sondern erst prüfen, ob ein Notfallopfer Informationen wünscht."[41] Ist dies der Fall, sollten Informationen dosiert gegeben werden (natürlich unter Beachtung der Interessen Dritter, wie etwa der Polizei oder der Privatsphäre anderer beteiligter Personen). Es ist keinesfalls dienlich, den Betroffenen mit Informationen zu überschwemmen und ihn damit zu überfordern. Vielmehr ist es angebracht, ihm soweit Antworten zu geben, wie er in der Lage ist, die entsprechenden Fragen zu formulieren. Maßgeblich sind also vor allem der Wunsch und die Aufnahmefähigkeit des Klienten.

In manchen Fällen kann es aber auch angebracht sein, Informationen zu geben, ohne dass der Betreute explizit danach gefragt hat.[42] Dies ist gerade dann sinnvoll, wenn sich der Betroffene immer wieder an Sachverhalte klammert, die offensichtlich falsch sind, oder aber wenn er von falschen Sachverhalten ausgeht, die aufgrund eines Informationsmangels entstanden sind. Bei einer Betreuung nach einem plötzlichen Kindstod etwa kann es für die Eltern sehr irritierend sein und sogar als Schuldzuweisung verstanden werden, wenn plötzlich die Polizei in der Wohnung zugegen ist (was in diesem Fall die Regel ist). Eine einfache Information kann ausreichend sein, die Situation aufzuklären. Dabei sollten die gegebenen Informationen der Wahrheit entsprechen und müssen gegebenenfalls wiederholt werden, sei es, weil der Betroffene sich mehrmals nach einem Sachverhalt erkundigt, oder weil er etwas noch nicht realisieren kann.

Informationen sollten als Ressource nicht unterschätzt werden, tragen sie doch dazu bei, „das Geschehen kognitiv einzuordnen"[43]. Diese kognitive Einordnung ist wesentlich, um ein Gefühl von Verstehbarkeit zu entwickeln. Das Gefühl der Verstehbarkeit ist ein wesentlicher Faktor bei der Bewältigung von Notfällen[44], ebenso wie die gedankliche Strukturierung ein protektiver Faktor hinsichtlich der Entwicklung einer späteren psychischen Störung darstellt.[45]

Die gedankliche Strukturierung, die auf den vorhandenen Informationen aufbaut, hilft den Betroffenen, nach und nach das komplexe und irritierende traumatische Ereignis in einem sinnvollen Ablauf zu sehen. Ist die Aufnahmefähigkeit des Traumatisierten während der Einwirkungsphase in der Regel eingeschränkt, so bedeutet das Erhalten und Verarbeiten von Informationen, diese „black box" im Gedächtnis nach und nach aufzulösen; der Ablauf eines traumatischen Ereignisses, der aufgrund fehlender oder nicht wahrgenommener Informationen dem traumatisierten Beteiligten wie ein unvollständiges Bild vorliegt, kann durch Informationen Schritt für Schritt zu einem „runden Bild" verarbeitet werden.

Auch für das Verbalisieren sind Informationen ein wichtiges „Hilfsmittel"; denn mit Hilfe von Informationen kann der Betroffene durch das Austauschen derselben eine Sprache für das finden, was wenige Zeit zuvor als unsägliches Ereignis über ihn hereingebrochen ist. Kurz: Informationen geben Orientierung und bieten die Möglichkeit, das Erlebte in Worte zu fassen.

Wenn der Betroffene also aktiv nach Informationen sucht, ist es Aufgabe des Psychosozialen Notfallhelfers, diese Bewältigungsversuche dadurch zu unterstützen, dass erfragte Informationen gegeben werden, um somit Gefühle der Unsicherheit und des Bedrohtseins zu verringern[46].

Als „Vermittler" von Informationen leistet der Psychosoziale Notfallhelfer aus Ressourcenperspektive wichtige Unterstützung. Auch hier kann er wieder direkt als Ressource wirken, indem seine Zugehörigkeit zum Rettungsdienst ihm Zugang zu Informationen verschaffen kann, die für das Verstehen für den Betroffenen von Bedeutung sind.

Zuverlässige **Informationen** helfen, das Geschehene (kognitiv) einordnen zu können. Informationen sollten dabei „portionsweise" mitgeteilt werden – immer daran orientiert, wie viel der Betroffene wissen will und aufnehmen kann. Zudem sind Informationen notwendig, um das Erlebte in eine „runde" Erzählung integrieren zu können. Dies ist wichtig für das Verstehen und Verarbeiten eines traumatisierenden Erlebnisses.

5.1.8 Handlungsfähigkeit wiederherstellen

Ein wichtiges Element in der Krisenintervention ist das Einschätzen, inwieweit ein Betroffener in der Lage ist, anstehende Dinge (wie etwa das Anrufen des Bestattungsdienstes, aber auch „kleine" Aufgaben wie das Öffnen der Wohnungstür, wenn jemand klingelt) selbst zu tun. Ist ein Betroffener aufgrund des traumatischen Erlebens in einem Zustand der Apathie, so ist es sinnvoll, dass andere, beispielsweise der Psychosoziale Notfallhelfer oder aber Angehörige, für den Betroffenen anstehende Tätigkeiten übernehmen. Die Gefahr dabei ist, dass Betroffene von den Außenstehenden – Psychosoziale Notfallhelfer mit eigenschlossen – so stark umsorgt werden, dass sie dadurch zu Opfern gemacht werden, da die von außen kommende Hilfe das Gefühl der Autonomie und Handlungsfähigkeit untergräbt[47]. Gerade aufgrund wissenschaftlicher Erkenntnisse bezüglich des peritraumatischen Erlebens, die unter anderem mit den Begriffen „mental defeat" und „mental planning" bezeichnet werden, ist es von Bedeutung, in der Betreuung innerhalb der peritraumatischen Phase darauf zu achten, dass der Betroffene darin soweit wie möglich unterstützt wird, seine Selbstkontrolle und Selbstwirksamkeit zu erleben, nicht zuletzt, weil das Empfinden der Selbstkontrolle eine wichtige protektive Variable darstellt.

Innerhalb der peritraumatischen Krisenintervention ist es also wichtig, immer wieder einzuschätzen, inwieweit der Betroffene handlungsfähig ist, welche Anforderungen er selbst bewerkstelligen kann und welche besser von anderen übernommen werden sollten. Aber der Psychosoziale Notfallhelfer darf nicht nur beim Einschätzen der Handlungsfähigkeit stehen bleiben, sondern wird im Verlauf der Betreuung versuchen, die verlorene Handlungsfähigkeit wiederherzustellen und zu fördern. Ein erster Schritt können dabei etwa geschlossene Fragen sein: „Gibt es jemanden, den Sie jetzt gerne bei sich hätten?" oder: „Tut es Ihnen gut, wenn wir zusammen ein bisschen an die frische Luft zu gehen?" Fragen, die der Betroffene mit „Ja" oder „Nein" bzw. mit wenigen Worten beantworten kann, sind geeignet, einen ersten Schritt in die Richtung zu tun, die wieder ein selbständiges Handeln ermöglicht, denn „[d]urch das Fällen einer Entscheidung erhält das Opfer den Eindruck, etwas kontrollieren zu können."[48] Ist das Opfer selbst dazu nicht in der Lage, stehen andere Maßnahmen im Vordergrund, etwa das Schaffen von Sicherheit oder das Erkennen der eigenen Gefühle.

Beginnt der Betroffene von sich aus, (kleinere) Handlungen durchzuführen, sollte es Ziel des KIT-Mitarbeiters sein, ihn darin zu bestärken. Vielleicht nimmt er dann das Glas Wasser an, das der Betroffene ihm unvermittelt anbietet („Jetzt fällt mir gerade auf, dass ich Ihnen ja noch gar nichts zu Trinken angeboten habe. Kann ich Ihnen denn ein Glas Wasser bringen?"), oder er richtet mit dem Betroffenen die Wohnung wieder her, nachdem der Rettungsdienst einige Möbel im engen Zimmer verstellt hat, um den Patienten besser versorgen zu können.

Manchmal kann man bei Betroffenen auch die Tendenz erkennen, Aufgaben an den Helfer zu delegieren. Ob der Helfer dieses Delegieren akzeptiert, sollte er daran entscheiden, inwieweit er die Handlungsfähigkeit des Klienten einschätzt: „Handlungen, die das Opfer selbst erledigen kann, sollte es selbst verrichten."[49]

Handlungsunfähige Personen werden von den unterstützenden Maßnahmen des Psychosozialen Notfallhelfers profitieren, da es die volle Wucht des Ausgeliefertseins einer Situation dämpft. Allerdings darf die Herstellung der Handlungsfähigkeit nicht zu früh erfolgen. Denn zunächst einmal haben Maßnahmen Vorrang, die das Gefühl von Sicherheit geben oder Maßnahmen, die das Begreifen dessen, was passiert ist, unterstützen. Ist dies einigermaßen gegeben, wird der Betroffene von „Interventionen, die ihnen einen autonomen Handlungsspielraum eröffnen, profitieren."[50]

Mit dem Wiederherstellen der Handlungsfähigkeit bereitet der Mitarbeiter des KIT langsam auch das Ende der Intervention vor. Dem Klienten zu helfen, langsam wieder selbst die Verantwortung zu übernehmen und nach und nach wieder eigenständig handeln zu können, ist ein Ziel der Betreuung. Je erfolgreicher es dem Psychosozialen Notfallhelfer gelingt, dies zu verwirklichen, umso weniger nötig ist seine Anwesenheit. „Dies bedeutet (...), dass der Helfer sich so schnell wie möglich überflüssig machen sollte."[51] Spätestens dann, wenn er den Eindruck hat, dass der Betroffene zusammen mit seinem sozialen Netz selbstständig den weiteren Verlauf des Geschehens bewerkstelligen kann, ist es Zeit, das Ende der Betreuung vorzubereiten. Eine Teilnehmerin der Pilotstudie drückt diese Erfahrung folgendermaßen aus: „Er [der KIT-Betreuer] hat nicht darauf beharrt zu bleiben, als ich wieder alleine sein konnte. Dadurch habe ich mich sicher und stark gefühlt."[52]

Alle beschriebenen Maßnahmen dienen vor allem dem Ziel, das Gefühl der Handhabbarkeit des Klienten positiv zu beeinflussen.

Das **Wiederherstellen der Handlungsfähigkeit** stärkt im Betroffenen das Bewusstsein, das eigene Leben wieder selbst in der Hand zu haben. Manchmal sind kleine Tätigkeiten (Tür öffnen, ein Glas Wasser bringen,...) der erste Schritt hin zu einer wiedergefundenen Handlungsfähigkeit. Je mehr die Handlungsfähigkeit der betroffenen Person und seines sozialen Umfelds zunimmt, desto weniger notwendig ist die Anwesenheit des psychosozialen Notfallhelfers.

5.1.9 Ressourcen aktivieren

Während viele Maßnahmen der Krisenintervention eher indirekt auf die Ressourcenaktivierung zielen, gibt es auch direkte Maßnahmen der Ressourcenaktivierung. Krisenintervention geht dabei vom Verständnis aus, dass der Betroffene in der Regel über ein ausreichendes Maß an Ressourcen verfügt, dass er aber unter Umständen eine Hilfestellung und Unterstützung braucht, um sich seiner Ressourcen bewusst zu werden und sie zu aktivieren. Der Psychosoziale Notfallhelfer trägt dazu bei, belastende und damit

Ressourcen-deaktivierende Einflüsse zu minimieren, ein geeignetes Setting zu schaffen, damit Ressourcen aktiviert werden können und er unterstützt das Opfer dabei, eigene Ressourcen wahrzunehmen und zu nutzen.

Gemeinsam mit dem Betroffenen gilt es zu überlegen, welche Ressourcen zur Verfügung stehen und hilfreich sind. Zu den inneren Ressourcen, die hilfreich sein können, zählen Erfahrungen, wie das Opfer Krisen im Leben bisher bewältigt hat. Fragen wie „Was hat Ihnen bisher in schwierigen Situationen gut getan?" können das Augenmerk des Betroffenen darauf richten, welche Strategien und Verhaltensweisen ihm bisher in Krisen weitergeholfen haben. So nahm sich ein Mann vor, nachdem er seinen Vermieter tot aufgefunden hatte, baldmöglichst einen Gottesdienst zu besuchen, um so das Erlebte „vor Gott zu tragen", wie er das schon immer in seinem Leben getan hatte. Eine Frau entschied, in den Wochen nach dem Tod ihres Lebenspartners verstärkt in der Natur spazieren zu gehen; dies beruhige sie und sie könne dabei gut abschalten. Eine U-Bahn-Fahrerin überlegte zusammen mit dem KIT-Betreuer, ob es gut wäre, am nächsten Tag wie geplant zu einer Familienfeier zu gehen, nachdem sie bei einem Unfall mit ihrem Gefährt einen Menschen erfasst und dabei tödlich verletzt hatte. Dadurch, dass sie an dem festhielt, was sie schon lange geplant hatte, versprach sie sich eine Struktur ihres Tagesablaufes, die sie als hilfreich erlebte.

Auch soziale Ressourcen sind sehr bedeutsam. Es kann hilfreich sein, sich bewusst zu machen, dass andere Personen in ganz unterschiedlichen Bereichen für Unterstützung sorgen können. Vielleicht eignet sich der hilfsbereite Nachbar eher für praktische Hilfen, etwa beim Erledigen anstehender Formalitäten nach einem Todesfall, während die Schwester vielleicht mehr emotionale Unterstützung bietet, da sie sich mit Trauerfällen auskennt. Vielleicht ist der Gemeindepfarrer eine zusätzliche Unterstützung, wenn Fragen bezüglich des Lebenssinns auftauchen. Und vielleicht gibt es auch Personen, die in der momentanen Krisensituation nur noch mehr Unruhe verbreiten würden, die man lieber bewusst meidet. Denn schließlich kommt es eher auf die Qualität von Ressourcen an als auf die Quantität[53].

Sich auf die Ressourcen des Betroffenen zu konzentrieren bedeutet, ihn dabei zu unterstützen, sich als selbstwirksam zu erleben: Das, was er als wohltuend und hilfreich erfährt, kommt nicht von einem professionellen Helfer, sondern von sich selbst! Eine solche Erfahrung wird dem Klienten weiterhelfen, erst recht, wenn der Psychosoziale Notfallhelfer nach einer (in der Regel recht kurzen) Zeit wieder geht. So kann beim Betroffenen das Gefühl wachsen, dass er „nicht die Kontrolle über das Leben verloren hat."[54] Als indirekte Ressource kann der PSNV-Mitarbeiter damit einen Beitrag zur Verbesserung des Gefühls der Handhabbarkeit des Klienten leisten.

Indem man den Betroffenen dabei unterstützt, eigene **Ressourcen zu aktivieren**, signalisiert man ihm, dass er grundsätzlich selbst über ausreichend Ressourcen verfügt, die Notfallsituation zu bewältigen. Gegebenenfalls kann der Blick auf vergangene Krisen aufdecken, wo Ressourcen liegen können. Ressourcenaktivierung stärkt die Selbstwirksamkeit des Betroffenen.

5.1.10 Gemeinsam nach Sinn suchen

Vieles, was Krisenintervention für den Betroffenen tun kann, wird durch geschicktes Organisieren, durch Einsatzerfahrung und Persönlichkeit des Psychosozialen Notfallhelfers zu einer Aufgabe, die sich – aus Sicht des Helfers – irgendwie lösen lässt. Ein geeignetes Setting zu schaffen braucht mal mehr, mal weniger Organisationstalent, bekommt aber mit der Zeit einen routinemäßigen Charakter. Ebenso wie psychoedukative Maßnahmen zwar niemals einfach aus Standardsätzen bestehen sollten, sondern der jeweiligen Situation und dem Klienten gemäß angepasst, mit wachsender Einsatzerfahrung wird aber auch die Psychoedukation zu einer Maßnahme, die kaum größere Schwierigkeiten bereiten wird.

Anders – so scheint es zumindest mir persönlich – ist es mit der Frage nach dem Sinn, mit der man in der Krisenintervention immer wieder konfrontiert werden wird. Denn gerade „Notfallsituationen sind Schnittstellen des Lebens, an denen Sinn- und Wertfragen aufbrechen"[55]. Und dies geschieht oftmals in einer „Generalisierung"[56], indem alles trostlos erscheint, indem das Leben in jederlei Hinsicht als wert- und sinnlos erlebt wird. Im Verlaufe einer Intervention (die im Schnitt etwa zwei Stunden dauert) wird es in den meisten Fällen schwierig sein, dem Klienten auf die sich ihm aufdrängenden Sinnfragen eine zufriedenstellende Antwort zu bieten. Dies kann gar nicht funktionieren, zumal Sinn nicht verordnet werden kann, sondern jeder Mensch selbst Sinnantworten auf die Sinnfragen des je eigenen Lebens geben muss[57]. Dass der KIT-Mitarbeiter aber mit den Sinnfragen des Betroffenen konfrontiert wird, damit ist zu rechnen. Denn „Grenzerfahrungen werden oft zum Motiv der Sinnsuche. Der Helfer bewegt sich somit im Spannungsfeld zwischen Sinnsuche und Sinnkonflikt."[58] Und auch wenn er nicht die Antworten auf diese Fragen geben muss, so muss er doch diese Fragen ernst nehmen und sich diesen Fragen und dem Suchen nach Antworten stellen.

Wie kann also eine Krisenintervention den Betroffenen auch bezüglich der Sinnfragen unterstützen? Wichtig wird auf jeden Fall sein, den gestellten Fragen nicht aus dem Weg zu gehen. Vielleicht kann der Krisenhelfer dabei behilflich sein, dass der Betroffene sich zutraut, die Anfragen bezüglich der Sinnhaftigkeit auch wirklich auszusprechen. Denn nicht selten können Anfragen an die Sinnhaftigkeit bei Umstehenden oder gar bei sich selbst auch Erschrecken hervorrufen. Sei es, weil die Botschaft viel Resignation und Mutlosigkeit beinhalten kann („Ich kann und will so nicht weiterleben!"), womit durchaus auch Tabus gebrochen werden („Sowas darfst du doch nicht sagen!"), oder aber weil vermeintliche religiöse Grenzen überschritten werden („Gott kann kein guter Gott sein, wenn er mein Kind hat sterben lassen."). Wichtig ist es für den Betroffenen, zu erfahren, dass solche Anklagen und Zweifel ausgesprochen werden dürfen.

Vielleicht kann es eine Hilfe sein, wenn der Begleiter neben dem Zuhören und dem Ermutigen, die Anklagen auszusprechen, auch von seiner eigenen Hoffnung berichtet. Natürlich nur, wenn es sinnvoll erscheint und klar als die eigene Erfahrung und Hoffnung gekennzeichnet ist, die auch andere, gegenteilige Auffassungen zulässt. „Der Helfer übernimmt dabei die Funktion stellvertretender Hoffnung, d. h. er akzeptiert die Hoffnungslosigkeit seines Klienten, setzt aber seine Erwartung der Besserung als andere mögliche Sicht dagegen, ohne die Einschätzung des Klienten zu entwerten."[59]

Es ist kaum verwunderlich, wenn ein Betroffener Klage erhebt gegen den Sinn des Lebens oder gegen Gott. Wenn einem Vater klar ist, dass Ärzte und Rettungspersonal alles getan haben, um sein Kind wiederzubeleben, es aber dennoch verstirbt, so ist ein Klagen oftmals auch der erste Versuch, mit der eigenen Hilflosigkeit und mit der Hilflosigkeit anderer zurecht zu kommen. Wer trägt die Schuld, wenn ein Kind stirbt, obwohl es medizinisch jede erdenkliche Zuwendung bekommen hat? Gott oder den Sinn des Lebens anzuklagen bedeutet in diesen Situationen, immerhin etwas zu tun – eine Situation, in der man eigentlich zur Untätigkeit verdammt ist, weil es (vorübergehend) nichts mehr zu tun gibt. Wird das Klagen tabuisiert, so nimmt man dem Klagenden auch noch die einzige Option zum Handeln, die er momentan sieht.

Hilfreich ist es auch, den Betroffenen dabei zu unterstützen, Worte für das Un-sag-bare zu finden (siehe auch Kapitel 5.1.3 und 5.1.4). Die Anklage gegen Gott kann durchaus ein (heilsamer) Ausdruck der eigenen Hilflosigkeit sein; dies dem Gegenüber zur Verfügung zu stellen, erweitert möglicherweise dessen Repertoire, mit dem er das Unfassbare versucht zu beschreiben.

Aber auch, wenn Gott oder der Lebenssinn nicht anklagend, sondern als persönliche Ressource im Gespräch auftauchen, kann der Krisenhelfer Unterstützung bieten. Ein Familienvater, dessen Ehefrau erfolglos reanimiert worden war, sprach davon, dass die Familie jetzt Gott ganz besonders brauchen würde. Darauf kann der Psychosoziale Notfallhelfer eingehen, zum Beispiel, indem er die Hinterbliebenen fragt, ob es ihnen gut tun würde, einen Priester für die Aussegnung zu holen. Besteht dieser Wunsch, sind manche Betroffene darüber erstaunt und erschrocken, dass sie daran selbst nicht schon früher gedacht haben. Wird ein Priester als nicht notwendig erachtet, so kann vielleicht ein gemeinsames Gebet oder eine Kerze Zeichen dafür sein, dass in allem Dunkel, das gerade erlebt wird, doch noch ein kleines Licht Hoffnung schimmert.

Spätestens wenn in der Betreuung der Sinn des Lebens thematisiert wird, versagt jede Routine des Betreuers. Trotzdem ist es wichtig, dieses Thema nicht aufgrund eigener Hilflosigkeit wegzudrängen. Wenn das Thema auftaucht, muss es seinen Platz im Gespräch erhalten. Der Psychosoziale Notfallhelfer hat dabei keineswegs die Aufgabe, die fehlenden Antworten zu liefern. Denn „[m]ehr als begleitendes Mitsuchen oder Mitaushalten kann ein Gespräch nicht leisten oder realistischerweise wollen."[60] Und doch kann ein Beitrag dafür geleistet werden, das Gefühl der Sinnhaftigkeit zu stärken.

> Den Betroffenen dabei zu unterstützen, nach dem **Sinn** in der gegenwärtigen Situation **zu suchen**, ist ein erster Antwortversuch auf das erlebte Gefühl der Sinnlosigkeit. Dabei geht es in erster Linie noch nicht darum, wirkliche Antworten zu finden. Allein das Zulassen der Sinn-Thematik ermutigt den Betroffenen, sich den Fragen zu stellen, die sich auftun. Sich diesen Fragen zu stellen und Klagen auszusprechen, die die Sinnlosigkeit einer Notfallsituation auszudrücken versuchen, sind eine Form des Handelns. Der Psychosoziale Notfallhelfer unterstützt den Betroffenen also darin, wieder handlungsfähig zu werden.

5.1.11 Praktische Hilfe leisten

In der erwähnten Studie berichten Betroffene davon, dass sie es als hilfreich und unterstützend erlebt haben, dass der Mitarbeiter der Krisenintervention beispielsweise auch als Fahrer zur Verfügung stand: „Am meisten hat mir geholfen, dass KIT mich nach Hause gebracht hat, da ich sehr weit weg wohne und nicht noch irgendeinem Taxifahrer die Geschichte erzählen musste."[61] Eine andere Befragte berichtet: „Er fuhr mich die ganze Zeit zwischen der Wohnung meiner Mutter und der meiner Oma [Mutter in Wohnung der Großmutter verstorben, Anmerkung im Original] hin und her, um notwendige Papiere zu holen, alles war chaotisch, er handelte."[62] Auch anders geartete konkrete Hilfsangebote werden als angenehm empfunden, wie auch die Studie über Verkehrsunfallopfer herausgefunden hat[63], sei es, eine Decke zu besorgen, persönliche Gegenstände zu bringen etc. „Dadurch sei das Gefühl von Kontrollverlust, das durch den Unfall entstanden war, reduziert worden."[64]

Damit wird deutlich, dass kleine Hilfeleistungen den Klienten eine große Unterstützung sein können, mitunter von den Betroffenen sogar als größte Hilfe (wie im ersten Zitat) empfunden werden. Solche Hilfeleistungen müssen sich dabei nicht unbedingt auf Fahrdienste beschränken. Genauso hilfreich kann es beispielsweise sein, die vom Rettungsdienst in der Wohnung zurückgelassenen gebrauchten Medizinprodukte wie Ampullen, Spritzen, Verbände, etc. einzusammeln und zu entsorgen; oder den verstorbenen Ehemann nach den polizeilichen Untersuchungen vom Boden in eine würdigere Lage, etwa auf dem Bett oder Sofa, zu verbringen; oder den Zahnarzttermin, den die verstorbene Ehefrau eigentlich für den Nachmittag ausgemacht hatte, abzusagen, weil es dem Ehemann wichtig ist und er sich momentan dazu nicht in der Lage sieht; oder das Bad zu reinigen, das voll von Blut ist, das der Lebenspartner während seines Sterbens erbrochen hatte. All das sind Beispiele von Hilfeleistungen, die nicht „vorschriftsmäßig" Aufgabe des KIT sind, die aber für den Verlauf der Betreuung eine große Relevanz haben. Denn mit derartigen Hilfeleistungen macht der Psychosoziale Notfallhelfer deutlich, dass er sich *tat*-sächlich auf die Situation des Betroffenen einlässt, dass er ihm gerade in der Situation begegnet, wo sich andere Menschen gerne vom Betroffenen abwenden würden und es vielfach auch tun. Denn wer schleppt schon gerne eine (vielleicht auch noch übergewichtige) Leiche vom Boden auf das Sofa, und wer reinigt gerne das Waschbecken, in das ein Mensch kurz zuvor eine große Menge Blut und aufgrund seines Lungenkarzinoms auch seine halbe Lunge herausgewürgt hat. Das sind Situationen, aus denen man entweder gerne flieht, wenn man es kann (weil man keine familiären oder sonstigen Verpflichtungen hat, die einem das Fliehen unmöglich machen), oder es sind Situationen, in denen man bleiben muss, weil man selbst betroffen ist. Mitarbeiter der Krisenintervention gehören zu jener Gruppe von Personen, die zwar weggehen könnten, die aber bleiben, weil sie dem Betroffenen Beistand bieten wollen. Indem der Betroffene dadurch mitmenschliche Nähe und Zuwendung spürt, erhöht dies die Chancen, nach den Erschütterungen des traumatischen Erlebens wieder bei sich selbst anzukommen, um dann langsam zu begreifen, was passiert ist und eigene Kräfte der Bewältigung zu aktivieren. Krisenintervention leistet bezüglich praktischer Hilfeleistungen also vor allem einen Beitrag als indirekte Ressource.

Praktische Hilfeleistungen signalisieren dem Betroffenen, dass sich andere Menschen in seinem Unglück sich nicht von ihm abwenden, sondern sich *tat*-sächlich auf ihn einlassen. Mitmenschliche Zuwendung helfen dabei, wieder zu sich zu kommen und die Situation langsam zu begreifen.

5.1.12 Psychoedukation

„Psychoedukative Maßnahmen sind Informationen, Hinweise, Ratschläge für eine angemessene und richtige Lebensgestaltung nach einem Notfall."[65] Dies soll einen angemessenen Umgang mit auftretenden Belastungen ermöglichen und zu einem besseren Verständnis von emotionalen Reaktionen führen.

Wenn ein Betroffener darüber informiert ist, wie Menschen nach einem belastenden Ereignis reagieren können, so sind die erlebten Reaktionen oftmals viel weniger bedrohlich, als wenn sie unvorbereitet eintreffen. Wenn ein U-Bahnfahrer weiß, dass es möglich ist, auch in den Tagen nach einem Personenunfall plötzlich und unvermittelt das Gesicht des Unfallopfers vor sich zu sehen (vgl. Kapitel 2.2.2), dann kann er diese Intrusionen als weniger gefährlich einordnen, weil er sie für normal hält und sie werden bei ihm weniger die Angst hervorrufen, verrückt zu werden. „Die Normalität und die Vorhersehbarkeit der Anzeichen, verbunden mit der Information, dass diese Symptome in der Regel spontan abklingen, wirken auf die Betroffenen entlastend."[66]

Auch wenn psychoedukative Maßnahmen oft wie selbstverständlich klingen, so bekommen sie nochmals einen Zuwachs an Bedeutsamkeit für die Betroffenen, wenn ein Psychosozialer Notfallhelfer sie gibt. Da aber auch scheinbar selbstverständliche Maßnahmen von Menschen oftmals nicht angewendet werden, wird

Psychoedukation auch aus diesem Grund zu einem wichtigen Element in der Krisenintervention[67].

Psychoedukation in der Krisenintervention hilft dem Betroffenen, auf kognitiver Ebene nachzuvollziehen, was ein belastendes Ereignis in ihm auslösen kann. Damit wird er darin gestärkt, selbstverantwortlich mit sich und mit seinen kognitiven, emotionalen und physischen Reaktionen umzugehen, was das Gefühl der Handhabbarkeit stärkt[68].

Da es durchaus zu den üblichen Reaktionen des sozialen Umfelds gehört, dass sich Freunde und Verwandte verunsichert ob der Reaktionen des Betroffenen zurückziehen[69], ist es ratsam, auch das Umfeld in die Psychoedukation mit einzubeziehen.

Für den Betroffenen kann es unter Umständen schwierig sein kann, sich psychoedukative Sachverhalte zu merken, weswegen es hilfreich und sinnvoll ist, die wichtigsten Hinweise auf einem Faltblatt zusammen zu fassen, damit der Betroffene und sein Umfeld auch noch nach dem Ende des KIT-Einsatzes auf die Informationen zurück greifen können[70].

Bezüglich der Informationen, die das Erleben und Verhalten nach traumatischen Ereignissen besser verständlich machen, ist der Psychosoziale Notfallhelfer eine grundlegende Ressource: sei es, dass er Fragen des Klienten hinsichtlich körperlichen und emotionalen Reaktionen kompetent und verständlich beantwortet, sei es, dass er ohne explizites Fragen von Seiten des Betroffenen psychoedukative Hilfestellungen gibt; in beiden Fällen kann der KIT-Mitarbeiter wieder als direkte, externe Ressource des Klienten fungieren und damit indirekt auch die Selbstkompetenz und das Gefühl der Handhabbarkeit stärken.

Psychoedukation hilft, die – oft auch ungewohnten – Reaktionen nach einem Notfallereignis besser einschätzen zu können. Dadurch wird der Betroffene darin gestärkt, selbstverantwortlich mit sich selbst umgehen zu können. Psychoedukation ist eine externe Ressource, die die Selbstkompetenz und das Gefühl der Handhabbarkeit des Betroffenen steigert.

5.1.13 Brücken bauen

Für viele Notfallopfer ist es sinnvoll und hilfreich, nach einem traumatischen Ereignis weiterführende Hilfen aufzusuchen. Dies muss nicht zwingend eine Therapie sein, sondern bezieht sich meist auf Beratungsangebote in psychosozialen Beratungsstellen: Schuldenberatung, städtische Sozialdienste, Alkohol- oder Drogenberatung, etc. Sie bieten Unterstützung, wenn ein Ereignis im Leben eines Menschen derartige Veränderungen zur Folge hat, die der Betroffene besser oder überhaupt erst mit Hilfe von außen in sein Leben integrieren kann.

Der Hinweis auf psychosoziale Einrichtungen, die bei Bedarf weiterhelfen können, kann dabei schon hilfreich sein, auch wenn die Hilfe letzten Endes gar nicht in Anspruch genommen wird. Der Betroffene kann allein schon das Wissen, wie er sich notfalls Hilfe beschaffen kann, als unterstützend empfinden. Genauso wie die Psychoedukation gilt auch beim Verweisen an Beratungsstellen, dass es gegebenenfalls sinnvoll sein kann, auch dem direkten Umfeld solche Einrichtungen zu nennen.

Die Wahrnehmung der Brückenfunktion durch die Krisenintervention im Rettungsdienst ist auch deswegen sinnvoll, da sie sich in der Regel auf die Einmaligkeit von Interventionen beruft. Wenn das KIT es sich zur Aufgabe macht, Betroffenen in der peritraumatischen Phase unterstützend zur Seite zu stehen, kann eine Betreuung nicht ohne Hinweis darauf enden, wo man später Hilfe holen kann. Gerade weil Mitarbeiter der Krisenintervention über psychische, physische, emotionale und kognitive Vorgänge bei traumatisierten Menschen Bescheid wissen und Kenntnis davon haben, dass sich das Befinden von Personen auch noch Wochen nach belastenden Ereignissen verändern kann, müssen sie Sorge dafür tragen, dass den Opfern geeignete Hilfseinrichtungen an die Hand gegeben werden.

Die Nennung weiterer Hilfsstellen darf nicht zu einer Pathologisierung des Klienten beitragen. Vielmehr soll sie das Gefühl unterstützen, dass der Klient selbst in der Lage ist, Hilfe aufzusuchen, falls er derer bedarf, und das Wissen darum stärken, das eigene Leben selbst gestalten zu können, indem man selbst bestimmt, wann man welche Hilfeleistung in Anspruch nimmt, und dies nicht etwa von Experten abgenommen bekommt. Auch dies ist eine Form der Wiederherstellung der Handlungsfähigkeit und des Gefühls der Handhabbarkeit. In ganz seltenen Fällen ist das Aktivieren eines weiteren psychosozialen Dienstes allerdings nicht in die Hände des Betroffenen zu legen, so etwa bei sehr starken Traumatisierungen, bei denen sich kaum eine Verbesserung der Handlungsfähigkeit im Verlauf der Intervention ausmachen lässt oder bei bestehender oder vermuteter Suizidalität.

Auch bezüglich der Brückenfunktion stellt der Kriseninterventions-Mitarbeiter als direkte, externe Ressource sein Wissen über und seine Erfahrung mit psychosozialen Einrichtungen dem Klienten zur Verfügung. Indirekt leistet er so auch einen Beitrag zur Steigerung des Gefühls der Handhabbarkeit, indem er dem Klienten zutraut, sich bei Bedarf in der Folgezeit weitere Hilfe zu holen.

In dem der Psychosoiale Notfallhelfer im Verlauf der Betreuung weiterführende Hilfen aufzeigt, **baut** er **Brücken**, die es dem Betroffenen ermöglichen, in den Wochen nach einem traumatisierenden Ereignis – wenn längst wieder alltägliche Strukturen angebrochen sind – sich selbst Unterstützung zu holen. Damit stärkt die Brückenfunktion die Handlungsfähigkeit des Betroffenen.

5.2 Zusammenfassung

Die Studien von Nyberg et al. sowie von Richter, auf die in diesem Kapitel immer wieder zurückgegriffen wurden, unterschieden bei der Bewertung der Hilfsmaßnahmen durch die Klienten bzw. Unfallopfer auch hinsichtlich verschiedener Merkmale der Befragten. Beide Studien differenzierten nach Geschlecht der Betroffenen, Nyberg et al. bezogen auch das Alter mit ein, während Richter zwischen verschiedener Arten der psychischen Traumatisierung unterschied. „Zusammenfassend kann gesagt werden, dass alle Formen der Unterstützung hilfreich sind, aber in Abhängigkeit des traumatischen Ereignisses, des Geschlechts und dem Vorliegen einer akuten Belastung eine unterschiedliche Gewichtung erfahren.“[71] Zur gleichen Erkenntnis kommen auch Nyberg et al., woraus resultiert, dass bei einer Betreuung „immer das Spezifische jeder Unfallsituation und jedes Opfers berücksichtigt werden"[72] muss.

In der Beschreibung einzelner Elemente der Krisenintervention – die keinesfalls eine vollständige und umfassende Aufzählung sein soll – wird deutlich, dass die Betreuung in der peritraumatischen Phase hauptsächlich eine indirekte Ressource ist. Das bedeutet, dass Krisenintervention vor allem darauf hinarbeitet, dass interne und externe Ressourcen des Klienten genutzt werden; in der Hauptsache ist Krisenintervention also nicht selbst die Ressource, sondern hat unterstützenden Charakter.

Dies entspricht der grundlegenden Absicht der Krisenintervention. Es geht ihr nicht darum, *für* andere deren Krisen zu meistern. Vielmehr geht es peritraumatischer Betreuung darum, kurzfristig Mitmenschen in Krisensituationen zu stützen und zu unterstützen, *mit* Betroffenen einen Weg zu suchen, das erlebte Trauma ins Leben integrieren zu können, was auf langfristige Sicht auch einen Beitrag zur Erweiterung der Krisenkompetenz bedeutet. Unter Krisenkompetenz ist dabei die „Befähigung zur Bewältigung kritischer Lebensereignisse als auch die Qualifikation zur Hilfeleistung gegenüber Personen in kritischen Ereignissen"[73] gemeint. Dass während der Betreuung in der peritraumatischen Phase demnach hauptsächlich indirekte, also „wegbereitende" Ressourcen von Seiten der Krisenintervention angeboten werden können, unterstreicht, dass Krisenbewältigung nicht delegierbar ist, genauso wenig wie Krisenbewältigung nur Sache von Profis sein kann; Krisen zu bewältigen ist eine Aufgabe, die sich jedem Menschen stellt.

Aus diesem Grund ist Krisenintervention zeitlich begrenzt. Es ist eine Unterstützungsmaßnahme, die einen klaren Anfang und ein klares Ende hat und so den Betroffenen nach einer unterstützenden Begleitung wieder der selbständigen Bewältigung seines Lebens überlassen kann.

Weiter fällt auf, dass vor allem die beiden Komponenten „Gefühl der Handhabbarkeit" und „Gefühl der Verstehbarkeit" aus Antonovskys Modell des Kohärenzgefühls durch Krisenintervention gefördert werden. Dies hebt ein weiteres Grundprinzip der Krisenintervention hervor, nämlich bei der betroffenen Person anzusetzen. Unmittelbar nach dem Erleben eines traumatischen Ereignisses weisen Menschen oft das Gefühl auf, nicht mehr handlungsfähig zu sein. Einen Beitrag zur Wiedererlangung der Handlungsfähigkeit zu leisten hat sich die Krisenintervention zur Aufgaben gemacht, und dies wird realisiert in verschiedenen und vielfältigen Maßnahmen, die die Ressource des Gefühls der Handhabbarkeit fördern.

In ähnlicher Weise berücksichtigt Krisenintervention die Ressource des Gefühls der Verstehbarkeit, und auch in diesem Punkt wird direkt an der Situation des Klienten angesetzt. Traumatisierte Menschen erleben eine Erschütterung ihres Selbst- und Weltverständnisses[74], sodass der Eindruck, grundsätzlich das Erleben und die Vorgänge im eigenen Leben verstehen und kognitiv einordnen zu können, gestört wird. Auch die Sinnhaftigkeit des eigenen Lebens kann dadurch deutlich beeinträchtigt werden. Die oben beschriebenen Maßnahmen der Krisenintervention versuchen den Betroffenen dabei zu unterstützen, das Gefühl der Verstehbarkeit und der Sinnhaftigkeit wieder aufzubauen und ein neues Selbst- und Weltbild zu entwickeln, indem traumatische Erfahrungen und Verluste integriert sind.

Damit ist die Forschungsfrage dieser Arbeit beantwortet. Sie lautete:

> Wie können Menschen in der peritraumatischen Phase, die oftmals von Handlungsunfähigkeit, Ohnmachtsgefühlen und Unbegreifbarkeit geprägt ist, darin unterstützt werden, ihre Ressourcen zu erkennen und sie zu nutzen, um die Betroffenen vor dauerhaftem Schaden an ihrer Person zu bewahren und um bei ihnen ein Wachstum an der Krise anzustoßen?

Nachdem in den Kapiteln 2 bis 4 die Grundlagen der Psychotraumatologie und der Ressourcenforschung herausgearbeitet wurden, stellt Kapitel 5 unter Berücksichtigung dieser Grundlagen die Elemente peritraumatischer Krisenintervention dar. Diese Elemente tragen zur Unterstützung des Klienten bei, seine Ressourcen zu erkennen und sie zu nutzen. Damit soll zum einen der erste Anstoß gegeben werden, das traumatische Ereignis in das Leben des Betroffenen zu integrieren. Zum anderen soll vermieden werden, dass die Folgen des traumatischen Erlebens in eine psychische Störung münden. Ob dies gelingt, entscheidet sich nicht allein in den ersten Stunden, sondern auch und vor allem in den Wochen und Monaten nach der Traumatisierung. Dennoch setzt Krisenintervention unmittelbar nach dem traumatischen Ereignis an, in einer Zeit, „in welcher noch keine Entscheidung über den Ausgang der Krise getroffen wurde"[75], um einen Beitrag dafür zu leisten, die Weichen in eine für die Verarbeitung des Traumas günstige Richtung zu stellen.

[1] Vgl. Karl (2001), S. 40.

[2] Vgl. Richter (2001), S. 85.

[3] Vgl. ebd., S. 86.

[4] Ebd., S. 95.

[5] Ebd., S. 95.

[6] Ebd., S. 99; dass es manchmal für die Betroffenen auch wichtig sein kann, trotz weiterer traumatischer Exposition am Notfallort zu verbleiben, da sie darauf hoffen, hier wichtige Informationen zu erhalten u. ä., darf dabei nicht außer Acht gelassen werden (vgl. Kapitel 5.1.7). Wichtig ist auch an dieser Stelle der klientenzentrierte Ansatz, der soweit wie möglich berücksichtigt, was dem Wunsch des Klienten entspricht.

[7] Bengel et al. (1998), S. 29; vgl. auch Reimann & Hammelstein (2006), S. 16.

[8] Rupp (2003), S. 57.

[9] Vgl., Resick & Maercker (2003)S.149.

[10] Vgl. Fischer & Riedesser (2003), S. 201.

[11] Vgl. Nyberg et al. (2000), S. 10.

[12] Vgl. Hausmann (2003), S. 138.

[13] Krüsmann & Müller-Cyran (2005), S. 116.

[14] Richter (2001), S. 95.

[15] Ebd., S. 95.

[16] Vgl. Fischer & Riedesser (2003), S. 201.

[17] Lasogga (2008c), S. 100.

[18] Wolfram Kurz bezeichnet dies in Bezug auf das Verhalten Jesu, wie es in der Emmaus-Geschichte (Lk 24,13-35) dargestellt ist als Mitlaufen, Mitsprechen und Mitflüchten Jesu mit den Jüngern; dadurch holt Jesu die Jünger dort ab, „wo sie sich äußerlich und innerlich befinden" (Kurz (2005), S. 53).

[19] Vgl. ebd., S. 53.

[20] Richter (2001), S. 94.

[21] Krüsmann & Müller-Cyran (2005), S. 117.

[22] Ebd., S. 118.

[23] Vgl. auch Roth (2008), S. 181f.

[24] Vgl. Lasogga (2008c), S. 103.

[25] Lasogga & Gasch (2006), S. 52.

[26] Vgl. Schulz Thun (2005), S. 13f.

[27] Strittmatter & Groote (1997), S. 93.

[28] Lasogga & Gasch (2006), S. 52f.

[29] Richter (2001), S. 98.

[30] Hausmann (2003), S. 88.

[31] Vgl. ebd., S. 88.

[32] Vgl. ebd., S. 88.

[33] Vgl. Izard & Murakami (1994), S. 26f.

[34] Ulich (1995), S. 34.

[35] Ebd., S. 38.

[36] Vgl. Müller-Cyran (1997), S. 110.

[37] Krüsmann & Müller-Cyran (2005), S. 146.

[38] Ebd., S. 148.

[39] Ebd., S. 149.

[40] Vgl. Daschner (2003), S. 47.

[41] Lasogga (2008c), S. 103.

[42] Vgl. ebd., S. 103.

[43] Ebd., S. 103.

[44] Vgl. ebd., S. 103.

[45] Vgl. Maercker (1997), S. 35.

[46] Vgl. Hannich (1997), S. 14f.

[47] Vgl. Krüsmann & Müller-Cyran (2005), S. 63.

[48] Lasogga (2008c), S. 104.

[49] Ebd., S. 104.

[50] Krüsmann & Müller-Cyran (2005), S. 63.

[51] Lasogga (2008c), S. 104.

[52] Richter (2001), S. 99.

[53] Vgl. Lasogga (2008c), S. 104.

[54] Ebd., S. 104.

[55] Müller-Lange (2001), S. 20.

[56] Vgl. Kurz (2005), S. 42.

[57] Vgl. Frankl (2002), S. 295.

[58] Stepan (1998a), S. 377.

[59] Giernalczyk (2003), S. 348; vgl. auch Cullberg (1978), S. 30.

[60] Zippert (2001), S. 34.

[61] Richter (2001), S. 96.

[62] Ebd., S. 96.

[63] Vgl. Nyberg et al. (2000), S. 15.

[64] Ebd., S. 15.

[65] Lasogga (2008c), S. 105.

[66] Daschner (2003), S.51.

[67] Vgl. Lasogga (2008c), S. 105f. Psychoedukation wird in der Literatur teilweise aber auch kritisch betrachtet; so fragt Angenendt beispielsweise, ob zu viel Information auch schaden kann (Angenendt (2009), S. 760). Ob es methodische Gründe gibt, die in manchen Studien einen weniger günstigen posttraumatischen Verlauf nach psychoedukativen Maßnahmen bescheinigen, ist unklar und kann an dieser Stelle auch nicht weiter diskutiert werden; in dieser Arbeit wird davon ausgegangen, dass Psychoedukation, in angebrachter Weise und an der passenden Stelle der Intervention gegeben und auf Grundlage einer guten Beziehung zwischen Betroffenem und PSNV-Mitarbeiter (vgl. Daschner (2003), S. 51) eine stützende Wirkung hat.

[68] Vgl. Lasogga (2008c), S. 105.

[69] Vgl. Daschner (2003), S. 52.

[70] Vgl. Lasogga (2008c), 108f.

[71] Richter (2001), S. 123.

[72] Nyberg et al. (2000), S. 27.

[73] Roth (2008), S. 62.

[74] Vgl. Fischer & Riedesser (2003), S. 82.

[75] Roth (2008), S. 110.

Verzeichnisse

Abbildungsverzeichnis

Tabellenverzeichnis

Stichwortverzeichnis

Literaturverzeichnis

Abdallah-Steinkopff, B. (1997): Psychosoziale Behandlung bei traumatisierten Flüchtlingen. *Psychotherapie, 2*(1), 35–44.

Adams, H.-A., Flemming, A., Friedrich, L. & Ruschulte, H. (2007): *Taschenatlas Notfallmedizin*, Stuttgart.

Allwinn, S. (2007): Soziale Arbeit im Notfall. *Evangelische Hochschulperspektiven*(3), 164–179.

Angenendt, J. (2009): Patientenratgeber und Selbsthilfematerialien. In: *Lehrbuch der Verhaltenstherapie. Band 1: Grundlagen, Diagnostik, Verfahren, Rahmenbedingungen* (3. Aufl., S. 755–766), Berlin, Heidelberg.

Angenendt, J. & Bengel, J. (2008): Psychotherapeutische Behandlung. In: F. Lasogga & B. Gasch (Hrsg.), *Notfallpsychologie. Lehrbuch für die Praxis* (S. 113–126), Berlin, Heidelberg.

Antonovsky, A. (1979): *Health, stress and coping: New perspectives on mental and physical well-being*, San Francisco.

Antonovsky, A. & Franke, A. (1997): *Salutogenese. Zur Entmystifizierung der Gesundheit*, Tübingen.

Becker, D. (2009): Extremes Leid und die Perspektive posttraumatischen Wachstums: Realitätsverleugnung, naives Wunschdenken oder doch ein Stück wissenschaftliche Erkenntnis? *Zeitschrift für Psychotraumatologie, Psychotherapiewissenschaft, Psychologische Medizin, 7*(1), 21–33.

Becker, P. (2006): *Gesundheit durch Bedürfnisbefriedigung*, Göttingen.

Bengel, J. (Hrsg.) (1997): *Psychologie in Notfallmedizin und Rettungsdienst*, Berlin.

Bengel, J., Strittmatter, R. & Willmann, H. (1998): *Was erhält Menschen gesund? Antonovskys Modell der Salutogenese - Diskussionsstand und Stellenwert*, Köln.

Brauchle, G. (2011): Erklärungsmodelle zur Entstehung und Aufrechterhaltung der Posttraumatischen Belastungsstörung. *Journal für Psychologie, 19*(3).

Breslau, N., Kessler, R. C., Chilcoat, H. D., Schultz, L. R., Davis, G. C. & Andreski, P. (1998): Trauma and posttraumatic stress disorder in the community: The 1996 Detroit Area Survey of Trauma. *Archives of General Psychiatry, 55*(7), 626–632.

Butollo, W. (1988): Trauma und Selbst-Antwort. *Gestalttherapie, 12*(1), 54–68.

Butollo, W., Hagl, M. & Krüsmann, M. (2003a): *Kreativität und Destruktion posttraumatischer Bewältigung. Forschungsergebnisse und Thesen zum Leben nach dem Trauma* (2. Aufl.), Stuttgart.

Butollo, W., Hagl, M. & Krüsmann, M. (2003b): *Trauma, Selbst und Therapie. Konzepte und Kontroversen in der Psychotraumatologie* (1. Aufl.), Bern.

Cullberg, J. (1978): Krisen und Krisentherapie. *Psychiatrische Praxis, 5*, 25–34.

Daschner, C.-H. (2003): *KIT - Krisenintervention im Rettungsdienst* (2. Aufl.), Edewecht.

Davison, G. C., Neale, J. M., Hautzinger, M. & Davison-Neale-Hautzinger (2007): *Klinische Psychologie. Ein Lehrbuch* (7. Aufl.), Weinheim.

Dilling, H. (2005): *Internationale Klassifikation psychischer Störungen. ICD-10 Kapitel V (F) ; klinisch-diagnostische Leitlinien* (5. Aufl.), Bern.

Dörner, K. (2005): Hilfsbedürftige gezüchtet. *Der Spiegel*(13), 154.

Dross, M. (2001): *Krisenintervention*. Göttingen.

Ehlers, A. (1997): Ein kognitives Modell der chronischen Posttraumatischen Belastungsstörung. In: H. Mandl (Hrsg.), *Schwerpunktthema Wissen und Handeln. Bericht über den 40. Kongress der Deutschen Gesellschaft für Psychologie in München 1996* (S. 580–585), Göttingen.

Fertig, B. (1997): Krisenintervention und Notfallnachsorge im Rettungsdienst. Ein neues Glied in der Rettungskette. In: B. Fertig & H. Butz (Hrsg.), *Menschliche Begleitung und Krisenintervention im Rettungsdienst. Ein Arbeitsbuch für Ausbildung und Praxis* (2. Aufl., S. 129–137), Edewecht.

Fertig, B. & Butz, H. (Hrsg.) (1997): *Menschliche Begleitung und Krisenintervention im Rettungsdienst. Ein Arbeitsbuch für Ausbildung und Praxis* (2. Aufl.), Edewecht.

Fischer, G. (2010): Psychotraumatologie und Psychohygiene bei Kindern und Jugendlichen. Zugriff am 7. August 2010. http://www.kinderschutzzentren.org/kinderschutzforum/material/g-fischer.html.

Fischer, G. & Riedesser, P. (2003): *Lehrbuch der Psychotraumatologie* (3. Aufl.), München.

Frankl, V. E. (2002): *Beltz-Taschenbuch Psychologie. Bd. 129: Logotherapie und Existenzanalyse. Texte aus sechs Jahrzehnten*, Weinheim.

Frankl, V. E. & Batthyany, A. (2006): *Gesammelte Werke / Viktor E. Frankl. Hrsg. von Alexander Batthyany ... Bd. 2: Psychologie des Konzentrationslagers. Synchronisation in Birkenwald und ausgewählte Briefe 1945 – 1993*, Wien.

Frisk, H. (1970): *Griechisches etymologisches Wörterbuch*, Heidelberg.

Gerdes, N. & Weis, J. (2000): Zur Theorie der Rehabilitation. In: J. Bengel & U. Koch (Hrsg.), *Grundlagen der Rehabilitationswissenschaften. Themen, Strategien und Methoden der Rehabilitationsforschung* (S. 41–68), Berlin.

Gethmann-Siefert, A. (1980): Artikel „Erleben". In: J. Mittelstraß (Hrsg.), *Enzyklopädie Philosophie und Wissenschaftstheorie* (S. 586), Mannheim.

Giernalczyk, T. (2003): Psychodynamische Krisenintervention: "Affektregulation zu zweit". *Psychotherapie im Dialog, 4*(4), 347–353.

Greenstone, J. L. & Leviton, S. B. (1994): Krisenmanagement. In: R. J. Corsini (Hrsg.), *Handbuch der Psychotherapie / Raymond J. Corsini (Hrsg.). Hrsg. und Bearb. der dt. Ausg. Bd. 1. /// Bd. 2.: Handbuch der Psychotherapie* (4. Aufl., S. 587–600).

Hannich, H.-J. (1997): Psychologie der Notfallsituation. In:J. Bengel (Hrsg.), *Psychologie in Notfallmedizin und Rettungsdienst* (S. 3–21), Berlin.

Hannich, H.-J., Kiekbusch, S. & Busch, P. (2001): Krisenintervention und Notfallseelsorge: Das Greifswalder Modell - Ein Werkstattbericht. In: A. Maercker & U. Ehlert (Hrsg.), *Psychotraumatologie* (S. 226–236), Göttingen.

Hausmann, C. (2003): *Handbuch Notfallpsychologie und Traumabewältigung. Grundlagen, Interventionen, Versorgungsstandards*, Wien.

Hausmann, C. (2006): *Einführung in die Psychotraumatologie* (1. Aufl.), Wien.

Heinichen, F. A. & Bauer, H. (1999): *Lateinisch-deutsch zu den klassischen und ausgewählten mittelalterlichen Autoren* (1. Aufl.), Stuttgart.

Helmerichs, J. & Blank, V. (2008): *Konsensus-Konferenz 2008. Qualitätstandards und Leitlinien zur Psychosozialen Notfallversorgung in der Gefahrenabwehr in Deutschland*.

Hobfoll, S. E. (1998): *Stress, culture, and community. The psychology and philosophy of stress*, New York, NY.

Hobfoll, S. E. (2004): *Stress, culture, and community. The psychology and philosophy of stress.*

Huber, M. (2007): *Trauma und Traumabehandlung / Michaela Huber. Teil 1: Trauma und die Folgen* (3. Aufl.), Paderborn.

Izard, C. E. & Murakami, B. (1994): *Die Emotionen des Menschen. Eine Einführung in die Grundlagen der Emotionspsychologie* (3. Aufl.), Weinheim.

Jerusalem, M. (1990): *Persönliche Ressourcen, Vulnerabilität und Stresserleben*, Göttingen.

Jork, K. (2006): Das Modell der Sallutogenese von Aaron Antonovsky. In: K. Jork & N. Peseschkian (Hrsg.), *Salutogenese und positive Psychotherapie. Gesund werden - gesund bleiben* (2. Aufl., S. 17–25), Bern.

Karl, R. (2001): *Der Einfluss der Selbstkonzepte und die Wirksamkeit von Prävention auf die Ausprägung traumabedingter Störungen. Eine explorative Studie bei von KIT-betreuten Personen*, unveröffentlichte Diplomarbeit, München.

Kepplinger, J. (1998): Krebskrankheit und Partnerschaft - eine Übersicht: Partner und Partnerschaft als eine Ressource für den Patienten. In: U. Koch, J. Weis & P. Aymanns (Hrsg.), *Krankheitsbewältigung bei Krebs und Möglichkeiten der Unterstützung. Der Förderschwerpunkt "Rehabilitation von Krebskranken"* (S. 91–106), Stuttgart.

Kessler, R. C., Sonnega, A. & Bromet, E. (1995): Posttraumatic stress disorder in the National Comorbidity Survey. *Archives of General Psychiatry, 52*, 1048–1060.

Klemenz, B. (2003): *Ressourcenorientierte Diagnostik und Intervention bei Kindern und Jugendlichen*, Tübingen.

Krisenintervention im Rettungsdienst des Arbeiter-Samariter-Bund München. *Jahresbericht 2012.*

Krüsmann, M. & Müller-Cyran, A. (2005): *Trauma und frühe Interventionen. Möglichkeiten und Grenzen von Krisenintervention und Notfallpsychologie*, Stuttgart.

Kunz, S., Scheuermann, U. & Schürmann, I. (2007): *Krisenintervention. Ein fallorientiertes Arbeitsbuch für Praxis und Weiterbildung* (2. Aufl.), Weinheim.

Kurz, W. (2005): *Philosophie für helfende Berufe* (1. Aufl.), Tübingen.

Lasogga, F. (2002): Notfallpsychologie: Der Mensch ist nicht nur eine Ansammlung von Organen. *Rettungsdienst, 25*(3), 48–53.

Lasogga, F. (2008a): Gruppierungen. Spezielle Gruppierungen. In: F. Lasogga & B. Gasch (Hrsg.), *Notfallpsychologie. Lehrbuch für die Praxis* (S. 198–199), Berlin, Heidelberg.

Lasogga, F. (2008b): Interventionsformen. In: F. Lasogga & B. Gasch (Hrsg.), *Notfallpsychologie. Lehrbuch für die Praxis* (S. 67–71), Berlin, Heidelberg.

Lasogga, F. (2008): Psycho-soziale Notfallhelfer. In: F. Lasogga & B. Gasch (Hrsg.), *Notfallpsychologie. Lehrbuch für die Praxis* (S. 181–195), Berlin, Heidelberg.

Lasogga, F. (2008c): Psychosoziale Notfallhilfe (PSNH). In: F. Lasogga & B. Gasch (Hrsg.), *Notfallpsychologie. Lehrbuch für die Praxis* (S. 95–111), Berlin.

Lasogga, F. & Gasch, B. (2006): *Psychische Erste Hilfe bei Unfällen. Kompensation eines Defizits* (4. Aufl.), Edewecht.

Lasogga, F. & Gasch, B. (2008a): Belastungen und Folgen. In: F. Lasogga & B. Gasch (Hrsg.), *Notfallpsychologie. Lehrbuch für die Praxis* (S. 35–65), Berlin, Heidelberg.

Lasogga, F. & Gasch, B. (2008b): Definitionen. In: F. Lasogga & B. Gasch (Hrsg.), *Notfallpsychologie. Lehrbuch für die Praxis* (S. 19–28), Berlin, Heidelberg.

Lippke, S. & Renneberg, B. (2006): Konzepte von Gesundheit und Krankheit. In B. Renneberg & P. Hammelstein (Hrsg.): *Gesundheitspsychologie* (S. 7–12), Berlin, Heidelberg.

Lorenz, K. (1980): Artikel „Ereignis". In: J. Mittelstraß (Hrsg.), *Enzyklopädie Philosophie und Wissenschaftstheorie* (S. 568), Mannheim.

Maercker, A. (1997): *Therapie der posttraumatischen Belastungsstörungen*, Berlin.

Maercker, A. (1998): Extrembelastungen ohne psychische Folgeschäden: Gesundheitspsychologische Konzepte und Befunde. In: W. Schüffel (Hrsg.), *Handbuch der Salutogenese. Konzept und Praxis* (S. 341–350), Wiesbaden.

Maercker, A. (2003): Erscheinungsbild, Erklärungsansätze und Therapieforschung. In: A. Maercker (Hrsg.), *Therapie der posttraumatischen Belastungsstörungen* (2. Aufl., S. 1–35), Berlin.

McFarlane, A. & Yehuda, R. (2000): Widerstandskraft, Vulnerabilität und der Verlauf posttraumatischer Reaktionen. In: B. A. van der Kolk (Hrsg.), *Traumatic stress. Grundlagen und Behandlungsansätze; Theorie, Praxis und Forschungen zu posttraumatischem Stress sowie Traumatherapie* (S. 141–167), Paderborn.

Müller-Cyran, A. (1997): Krisenintervention im Rettungsdienst. In: J. Bengel (Hrsg.), *Psychologie in Notfallmedizin und Rettungsdienst* (S. 107–122), Berlin.

Müller-Cyran, A. (2006): *Die peritraumatische Intervention: eine deskriptive Darstellung der psychosozialen Notfallversorgung*. Dissertation, München.

Müller-Lange, J. (2001): Einführung in die Notfallseelsorge. In: J. Müller-Lange & M. Clauß (Hrsg.), *Handbuch Notfallseelsorge* (S. 15–23), Edewecht.

Nestmann, F. (1996): Psychosoziale Beratung - ein ressourcentheoretischer Entwurf. *Verhaltenstherapie & psychosoziale Praxis, 28,* 359–376.

Nyberg, E., Mayer, M. & Frommberger, U. (2000): *Erleben der präklinischen Versorgung nach einem Verkehrsunfall,* Bremerhaven.

Petzold, H. (1985): *Psychodrama-Therapie. Theorie, Methoden, Anwendung in der Arbeit mit alten Menschen* (2. Aufl.), Paderborn.

Petzold, H. (2007): *Integrative Supervision, Meta-Consulting, Organisationsentwicklung. Ein Handbuch für Modelle und Methoden reflexiver Praxis* (2. Aufl.), Wiesbaden.

Reimann, S. & Hammelstein, P. (2006): Ressourcenorientierte Ansätze. In: B. Renneberg & P. Hammelstein (Hrsg.): *Gesundheitspsychologie* (S. 13–28), Berlin, Heidelberg.

Reiter, L. & Strotzka, H. (1977): Der Begriff der Krise. Ideengeschichtliche Wurzeln und aktuelle Probleme des Krisenbegriffes. *Psychiatria Clinica, 10,* 7–26.

Remke, S. (1997): Bedürfnisse und Wünsche von Unfallpatienten unmittelbar nach dem Unfall. In: B. Fertig & H. Butz (Hrsg.), *Menschliche Begleitung und Krisenintervention im Rettungsdienst. Ein Arbeitsbuch für Ausbildung und Praxis* (2. Aufl., S. 45–64), Edewecht.

Resick, P. A. & Maercker, A. (2003): *Stress und Trauma. Grundlagen der Psychotraumatologie* (1. Aufl.), Bern.

Richter, B. (2001): *Der Einfluss der Selbstkonzepte und die Wirksamkeit von Prävention auf die Ausprägung traumabedingter Störungen. Eine explorative Studie bei von KIT-betreuten Personen.* unveröffentlichte Diplomarbeit, München.

Rilke, R. M. (1991): *Briefe. In: zwei Bänden*, Frankfurt/M.

Roth, S. (2008): *Schriftenreihe Studien zur Erwachsenenbildung. Bd. 28: Krisen-Bildung. Aus- und Weiterbildung von KriseninterventionshelferInnen*, Hamburg.

Rupp, M. (2003): *Notfall Seele. Ambulante Notfall- und Krisenintervention in der Psychiatrie und Psychotherapie* (2. Aufl.), Stuttgart.

Saß, H. (1996): *Diagnostisches und statistisches Manual psychischer Störungen DSM IV. Übersetzt nach der 4. Auflage des Diagnostic and statistical manual of mental disorders der American Psychiatric Association*, Göttingen.

Sauvant, J.-D. & Schnyder, U. (1993): Zur Unterscheidung von 'Notfall' und 'Krise' in der Psychiatrie. In: U. Schnyder & W. Böker (Hrsg.), *Krisenintervention in der Psychiatrie* (1. Aufl., S. 45–54), Bern.

Schaller, J. & Schemmel, H. (2003): Ressourcen - zum Stand der Dinge in Forschung und Praxis. In: H. Schemmel & J. Schaller (Hrsg.), *Ressourcen. Ein Hand- und Lesebuch zur therapeutischen Arbeit* (S. 575–593), Tübingen.

Schmidt, G. (2004): "Den Albtraum beenden..." - Krisenintervention nach Traumatisierungen - ein Überblick. In: W. Müller & U. Scheuermann (Hrsg.), *Praxis Krisenintervention. Ein Handbuch für helfende Berufe: Psychologen, Ärzte, Sozialpädagogen, Pflege- und Rettungskräfte* (1. Aufl., S. 229–249), Stuttgart.

Schnyder, U. (2000): *Die psychosozialen Folgen schwerer Unfälle*, Darmstadt.

Schulz Thun, F. von (2005): *Miteinander reden / Friedemann Schulz von Thun. Bd. 1: Störungen und Klärungen. Allgemeine Psychologie der Kommunikation* (42. Aufl.), Reinbek bei Hamburg.

Shalev, A. (2000): Belastung versus traumatische Belastung. Von homöostatischen Akutreaktionen zur chronischen Psychopathologie. In: B. A. van der Kolk (Hrsg.), *Traumatic stress. Grundlagen und Behandlungsansätze ; Theorie, Praxis und Forschungen zu posttraumatischem Stress sowie Traumatherapie* (S. 97–116), Paderborn.

Sonneck, G. (2000): *Krisenintervention und Suizidverhütung* (5. Aufl.), Wien.

Stepan, T. (1998a): Grenzerfahrung - Krise und Chance. In: T. Stepan & U. Giesekus (Hrsg.), *Zwischen Blaulicht, Leib und Seele. Grundlagen notfallmedizinischer Psychologie* (1. Aufl., S. 369–380), Edewecht.

Stepan, T. (1998b): Womit sich notfallmedizinische Psychologie befasst. In: T. Stepan & U. Giesekus (Hrsg.), *Zwischen Blaulicht, Leib und Seele. Grundlagen notfallmedizinischer Psychologie* (1. Aufl., S. 15–25), Edewecht.

Strittmatter, R. & Groote, E. von (1997): Gesprächsführung und Kommunikation. In: J. Bengel (Hrsg.), *Psychologie in Notfallmedizin und Rettungsdienst* (S. 89–106), Berlin.

Terr, L. C. (1995): Childhood Traumas. An Outline and Overview. In: G. S. Everly (Hrsg.), *Psychotraumatology. Key papers and core concepts in posttraumatic stress* (S. 301–320), New York.

Ulich, D. (1987): *Krise und Entwicklung. Zur Psychologie der seelischen Gesundheit*, München, Weinheim.

Ulich, D. (1995): *Das Gefühl. Eine Einführung in die Emotionspsychologie* (3. Aufl.), Weinheim.

van der Kolk, B. A., van der Hart, O. & Marmar, C. R. (2000): Dissoziation und Informationsverarbeitung beim posttraumatischen Belastungssyndrom. In: B. A. van der Kolk (Hrsg.), *Traumatic stress. Grundlagen und Behandlungsansätze ; Theorie, Praxis und Forschungen zu posttraumatischem Stress sowie Traumatherapie* (S. 241–261), Paderborn.

Waller, H. (2006): *Gesundheitswissenschaft. Eine Einführung in Grundlagen und Praxis* (4. Aufl.), Stuttgart.

Wikipedia (2009a): Artikel „Ereignis". Zugriff am 16. Juni 2009. http://de.wikipedia.org/wiki/Ereignis.

Wikipedia (2009b): Artikel „Erleben". Zugriff am 16. Juni 2009. http://de.wikipedia.org/wiki/Erleben.

Willutzki, U. (2003): Ressourcen: Einige Bemerkungen zur Begriffsklärung. In: H. Schemmel & J. Schaller (Hrsg.), *Ressourcen. Ein Hand- und Lesebuch zur therapeutischen Arbeit* (S. 91–109), Tübingen.

Winter, H. (1996): *Europäische Hochschulschriften6. Bd. 566: Posttraumatische Belastungsstörung nach Verkehrsunfällen,* Frankfurt am Main.

Wittchen, H.-U. (2006): *Klinische Psychologie & Psychotherapie,* Heidelberg.

Zehentner, P. (2000): *Der Kurs zur Krise. Ein sozialpädagogisch orientierter Lehrgang zur Vorbereitung von Mitarbeitern auf die Arbeit im Bereich der präklinischen Krisenintervention. Theoretische Grundlagen und Konzeption.* unveröffentlichte Diplomarbeit, München.

Zehentner, P. (2008): Das Kriseninterventionsteam (KIT) München. In: F. Lasogga & B. Gasch (Hrsg.), *Notfallpsychologie. Lehrbuch für die Praxis* (S. 228–243), Berlin, Heidelberg.

Zippert, T. (2001): Zur Theologie der Notfallseelsorge. In: J. Müller-Lange & M. Clauß (Hrsg.), *Handbuch Notfallseelsorge* (S. 25–82), Edewecht.

Über den Autor

Timo Grünbacher, geb. 1981, ist katholischer Theologe und Sozialpädagoge. Berufstätigkeit als Rettungssanitäter und Studentenseelsorger. Seit 2007 Mitarbeiter in der Krisenintervention im Rettungsdienst beim Arbeiter-Samariter-Bund München.

Seit 2013 freiberuflich tätig als Berater (Personzentrierte Beratung nach C. Rogers sowie Focusing) und Logotherapeut.

Kontakt: beratung@cthweb.de